Hannele Collischonn

gewidmet

Eberhard Mensing

Tennis-Spiele für Viele

Systeme, Tests, Turniere.

SUM

3. erweiterte und verbesserte Auflage

Druck: Maristen, Furth/Landshut
Printed in Germany

ISBN 3-926778-07-5

Vorwort

Liebe Tennisspielerinnen und Tennisspieler,

der Tennis-Breitensport wird seit mehr als einem Jahrzehnt vom Deutschen Tennis Bund e.V. gefördert.
Mit diesem Auftrag leisten wir für die Bevölkerung einen nicht unwesentlichen sport- und gesundheitspolitischen Beitrag, der in Zukunft noch in zunehmendem Maße erforderlich sein wird.

Tennis kann als Breitensport in jedem Alter begonnen werden. Deshalb ist es auch besonders attraktiv für "Späteinsteiger" oder Umsteiger aus anderen Sportarten, die in höherem Lebensalter nicht mehr betrieben werden können. Tennis ist eine typische Life-time-Sportart.

Breitensport bedeutet nicht, daß nur aus Gesundheitsbewußtsein und Spaß gespielt wird. Tennis-Breitensport bedeutet auch sportlicher Wettkampf, Kameradschaft, Gemeinschaftserlebnis und Geselligkeit.

Das im Wettkampfsport übliche K.O.-System ist zunächst verbannt und findet nur - wenn überhaupt - bei Finalrunden Anwendung. Um den Bedürfnissen der Tennisspielenden gerecht zu werden, wurden neue Trainings-, Spiel- und Turnierformen entwickelt, die möglichst viele Mitspieler langandauernd im Turniergeschehen und damit in der Tennisgemeinschaft halten.

Dies alles wird ermöglich durch Modusänderungen in der Organisation und Durchführung der Veranstaltungen. Sie erfordern Maßnahmen, die in diesem Buch dargestellt werden. Es sollte die Arbeitsgrundlage für alle Organisatoren, Trainer, Sport- und Breitensportwarte darstellen, die ihren Vereinen mehr Freude am und im Wettkampfgeschehen vermitteln wollen und gehört daher zur Grundausstattung jedes Tennisvereins.

Viel Spaß bei Studium und Spiel wünscht

Gerd Steffen

Vizepräsident und Sportwart des DTB

Inhalt

Einführung

Tennis, eine der wichtigsten Nebensachen der Welt, wird immer populärer. Fasziniert verfolgt die ganze Welt internationale Turniere.
Über 2 Millionen Spieler sind im DTB organisiert und das Spiel gewinnt laufend neue Freunde. Man schätzt, daß es derzeit in Deutschland rund 5 Millionen Tennisspieler gibt.

Tennis, früher ein Gesellschaftsproblem, ist heute Volkssport. Es ist in allen Altersschichten gleichermaßen beliebt und wird mit Recht als Lifetime-Sportart angesehen. Der fliegende und springende Ball regt die Spieler immer wieder zum Laufen und Schlagen an. Das Spiel mobilisiert alle Systeme des menschlichen Körpers.

Seine sozialverbindende Funktion führt nicht nur Jung und Alt, sondern im Mixed auch Spieler beiderlei Geschlechts zusammen. Geselligkeit, Spaß, Kameradschaft und Freundschaft stehen im Vordergrund.
Doch nicht nur im Leistungssport, sondern auch im Breitensport kämpft man um den Sieg; aber wichtiger ist das Teilnehmen und Nicht- Ausscheidenmüssen..

Im Leistungstennis kommen diese Faktoren nur wenig zur Geltung. Für den Spieler ergibt sich durch das K.O.-System eine andere Situation. Das unbedingte Gewinnenmüssen dominiert. Im Breitensport, insbesondere im Kindes- und Jugendbereich müssen neue Wege gesucht werden, um Tennis breiten Bevölkerungsschichten zu öffnen.
Der "Schmerz" der Niederlage liegt nicht in der Niederlage an sich, sondern in der Tatsache, daß für den betroffenen Akteur das Turnier zu Ende ist und er im weiteren Verlauf vom Spiel ausgeschlossen wird. Für Kinder bedeutet dies oft die Abwendung vom Spiel.

Daher wollen wir einige Vorschläge anbieten, wie man ein Turnier zu einem Fest für alle machen kann:

- bei dem alle Teilnehmer bis zum Schluß dabei sind;

- bei dem sich alle Teilnehmer gesellig kennenlernen können;

- bei dem niemand frustriert und vorzeitig den Platz verläßt;

- bei dem Spielfreude, Partner- und Kameradschaft, Witz, Humor und Spaß am Tennisspiel zu ihrem Recht kommen.

Denn: Tennis ist ein tolles Spiel für alle!

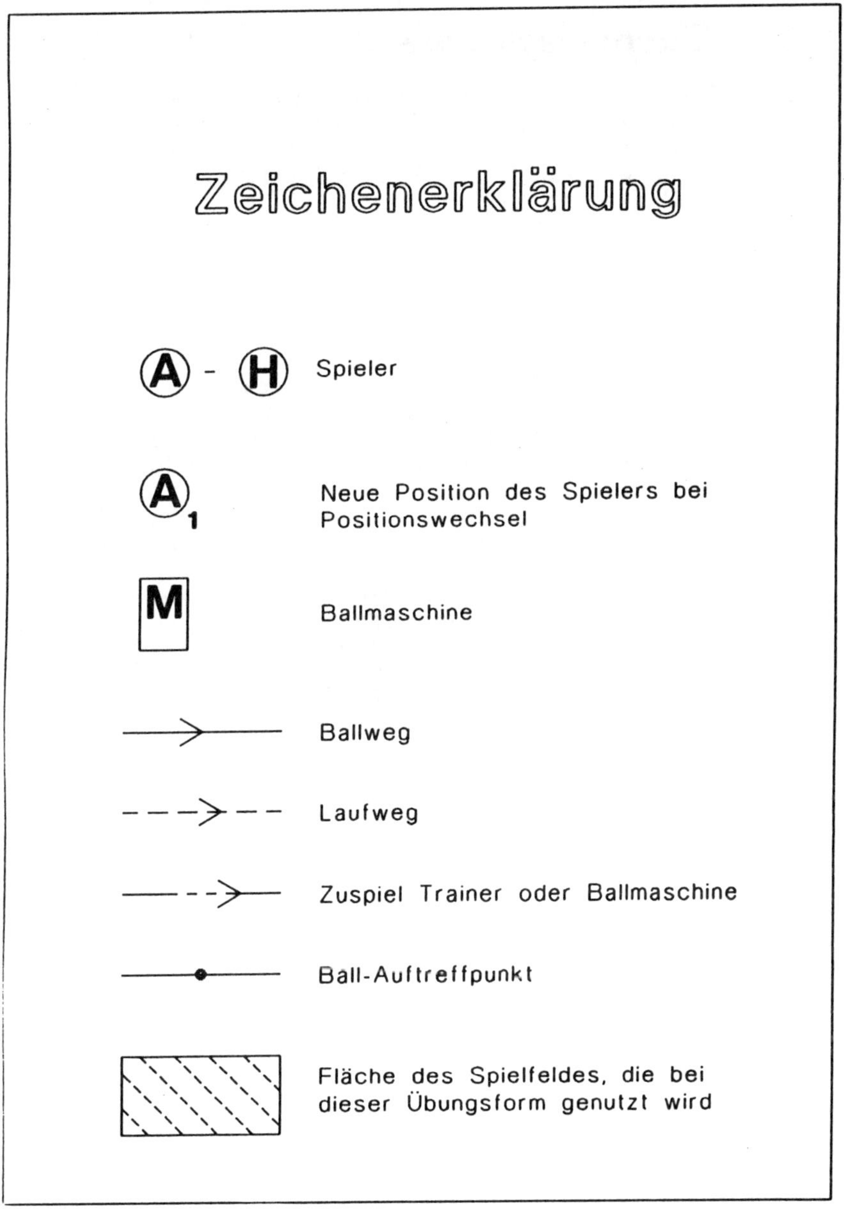

Abb.1: Zeichenerklärung

1. Turniersysteme

Im Tennis hat sich, von wenigen Ausnahmen abgesehen, allgemein das K.O.-System etabliert. Nur bei wenigen internationalen Wettbewerben, wie dem Kings-Cup oder im Nations-Cup, wird zunächst in Gruppen "jeder gegen jeden", dann erst im K.O.-System gespielt.
In den Breitensportturnieren finden sich, je nach Gegebenheit und Teilnehmrzahl, verschiedene Turniersysteme:

1.1. K.O.-System

Das K.O.-System wendet man gelegentlich auch bei Breitensportturnieren an, z.B. beim DTB-Cup.
Durch das K.O.-System soll am Ende des Turniers ein Sieger ermittelt werden. D.h., wer verliert, scheidet aus. Der Sieger steigt in die nächste Runde auf.
Deshalb ist es bei ungünstigen (ungeraden) Meldezahlen nicht zu vermeiden, daß manche Spieler ein Spiel mehr spielen müssen als andere.
Um das K.O.-System sinnvoll zu gestalten, werden sogenannte "Setzlisten" erstellt. Die Spieler werden im allgemeinen aufgrund ihrer Ranglistenposition oder ihres Vorjahrsergebnisses gesetzt. Sie werden auch bei den sogenannten "Rasten" bevorzugt behandelt, d.h. sie sparen meist die Erstbegegnung.
Bei einem 32er-Feld werden die Positionen, wie folgt, gesetzt:

(Teilnehmerzahl: 12 Spieler)

Die Setzliste: Die Spieler 1-4 werden gesetzt, d.h. sie sollen nicht bereits zu Beginn des Turnieres aufeinandertreffen.
Bei 12 Teilnehmern wird von einem 16er-Feld ausgegangen. Es werden 4 Rasten postiert.
Die Spieler an den Nummern 1, 2, 3, und 4 erhalten eine spielfreie 1.Runde (Abb.1).
Das K.O.-System wird oft mit einer sogenannten "Trostrunde" gespielt, d.h., die Verlierer der 1.Runde spielen in einer neuen K.O.-Runde den Sieger aus, der jedoch in das Hauptfeld nicht mehr eingreifen darf.
Die Verlierer werden erneut gesetzt und ausgelost. Sie können aber auch der Auslosung entsprechend nach links gesetzt werden. Weitere Verliererrunden können angeschlossen werden. Dadurch erreicht man eine lückenlose Plazierung aller Teilnehmer.

Die Sieger spielen im ersten Feld nach rechts weiter; die Verlierer gruppieren sich jeweils ein Feld tiefer (Abb.2).
Dabei geben die angegebenen Nummern gleichzeitig die Spielfolge an.

Plazierungs-K.O.-System

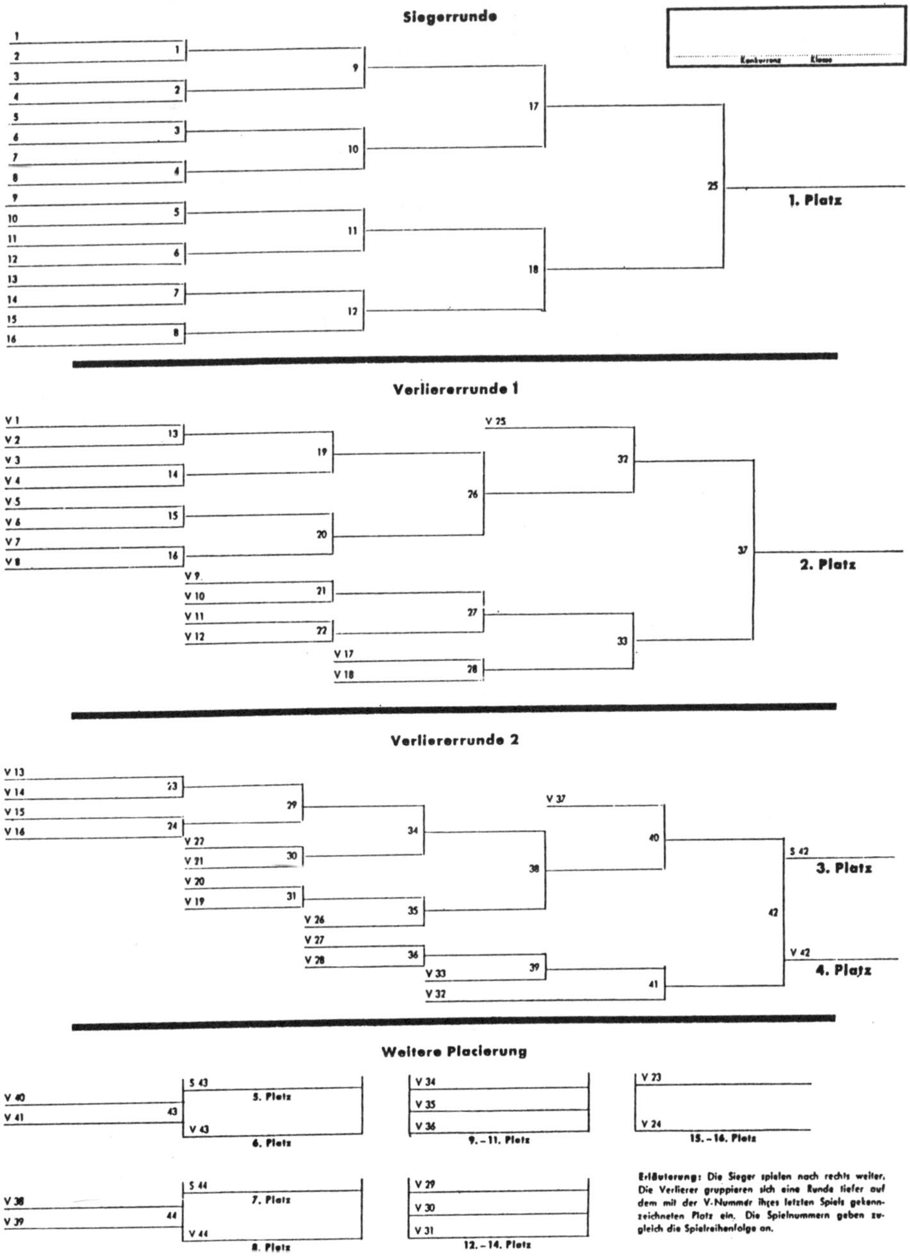

Abb.2: Plazierungs-K.O.-System

1.2. Doppel-K.O.-System

Beim Doppel-K.O.System ist nach einer Niederlage noch längst nicht alles verloren. Man spielt dann auf der sogenannten "Verliererseite" weiter und kann noch Gesamtsieger werden. Wer ein zweites Mal verliert, scheidet jedoch aus.
Der Sieger der "Siegerseite" und der "Verliererseite" bestreiten das Endspiel. Gewinnt der Sieger der Siegerseite, so ist das Turnier beendet. Gewinnt jedoch der Sieger der Verliererseite, so wird das Endspiel wiederholt, denn der Sieger der Siegerseite hatte ja bis dato noch kein Spiel verloren.

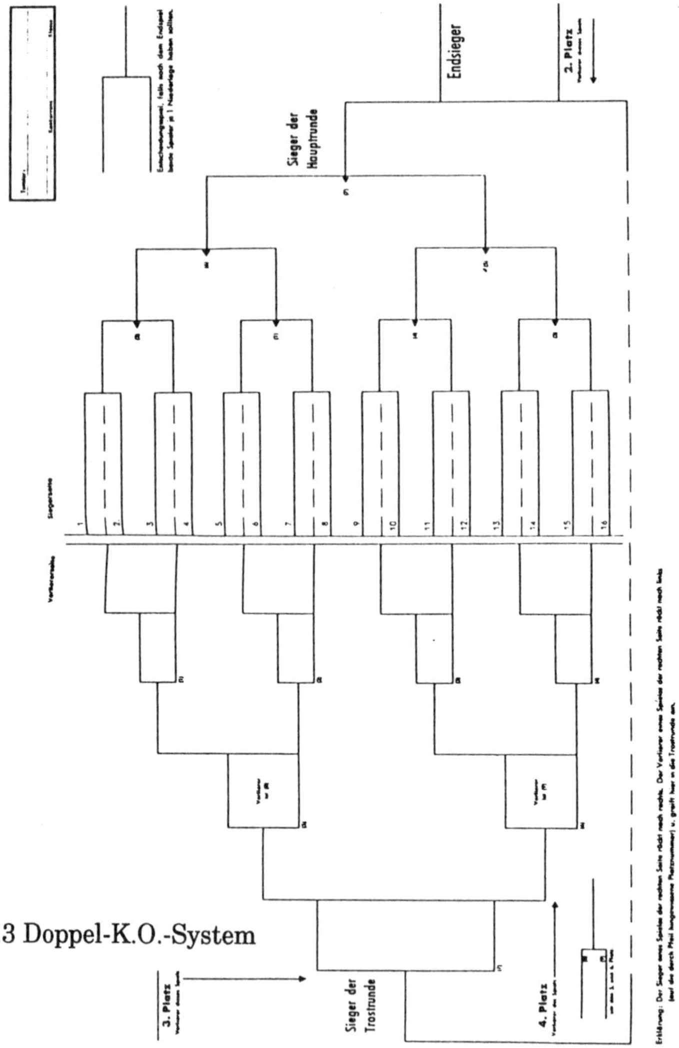

Abb.3 Doppel-K.O.-System

1.3. Liga-Systeme

Ligasysteme können mit beliebiger Anzahl der Spieler gespielt werden. Dabei spielt jeder gegen jeden. Der Modus muß nach der zur Verfügung stehenden Zeit gestaltet werden. Am Ende der Turnierserie ergibt sich die Plazierung aus der Punktewertung.

- Ligaspiel

Beim Ligapiel werden im Verlauf des Turnierablaufes Leistungsklassen gebildet. Nach einigen Runden sind alle Spieler einer Leistungsklasse unter sich. Dadurch sind stets spannende Spiele garantiert.

Modus:

Man sollte als Grundmodus den Tie-break oder kurze Sätze bis 4 bzw. nach sog."amerikanischer" Zählweise (bei Einstand führt der nächste Punkt zum Spielgewinn) wählen. So ist gesichert, daß man möglichst viele Partien spielen kann.
Zuerst werden alle Teilnehmer in einen Topf gegeben. Nach der ersten gespielten Runde ergeben sich dann 2 Gruppen (Sieger und Verlierer). Diese werden dann weiter geteilt. z.B. spielen diejenigen mit 2 Siegen zunächst ganz oben, die Spieler mit je einem Sieg und einer Niederlage in der doppelt besetzten Mittelklasse (2 Gruppen!) und die mit 2 Niederlagen zunächst in der untersten Klasse.
Je nach der Teilnehmerzahl können die Gruppen beliebig gesplittet werden. Es empfiehlt sich jedoch nicht mehr als 8 "Ligen" mit maximal 5 Spielern pro Gruppe zu bilden.
Die Sieger werden nach jeder Runde in eine Gruppe höher, die Verlierer eine tiefer eingestuft.

Hinweis:
Ergeben sich Ungleichheiten in der Auslosung oder durch eventuelle Spielerausfälle (Verletzung u.dgl.), so kann man den Modus leicht verändern:
z.B. steigt nur der Erste (die ersten 2) der Liga auf, der Letzte (die letzten 2) ab; alle Mittelplätze bleiben in der jeweiligen Liga.

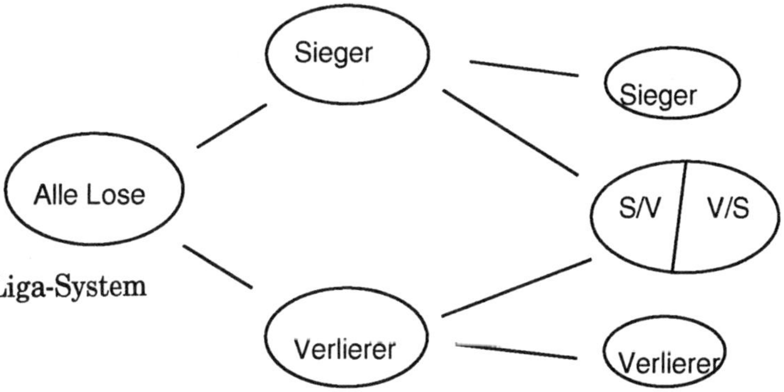

Abb.4: Liga-System

1.4. Ranking-System (Kaiser-Tennis)

Eine wahre Leistungsschau des Tennisspiels stellt "Kaiser-Tennis" dar. Dennoch sind alle Spieler gleich oft im Einsatz.

Modus:

Es können Einzel oder Doppel gespielt werden. Besonders reizvoll ist es, dieses Turnier als Mixed zu spielen.
Die Plätze werden entsprechend ihrer Nummerierung zu Kennzeichen der Leistungsstärke.
Bei Beginn des Turniers werden die Paarungen und die Plätze ausgelost.
Auf Platz 1 spielt immer der Kaiser (das Kaiserpaar).
Der Verlierer von Platz 1 muß im nächsten Spiel auf Platz 2 und spielt gegen den Sieger von Platz 3.
Der Sieger von Platz 2 spielt im nächsten Spiel gegen den Kaiser und versucht die Krone zu erlangen.
Der Verlierer von Platz 2 spielt im nächsten Spiel gegen den Sieger von Platz 4.
D.h., der Verlierer muß im nächsten Spiel immer einen Platz tiefer, der Sieger immer einen Platz höher spielen.
Gespielt wird nach kurzen Sätzen bzw. auf Zeit. Die Wechsel werden z.B. durch einen Signalton (Pfeife oder Trompete o.ä.) bekanntgegeben. Der momentane Spielstand ist entscheidend. Ist der Ball während des Signaltons noch im Spiel, so wird dieser Punkt noch gezählt. Liegt ein absolutes Unentschieden vor, so wird noch ein entscheidender Punkt gespielt.
Die Doppel werden für die gesamte Veranstaltung zusammengestellt bzw. gelost.
Einen besonderer Gag stellt das Tragen einer Kaiserkrone (großer Hut o.ä.) dar. Sie darf beim Spiel nicht herunterfallen, sonst gilt das Spiel als verloren.

Teilnehmerzahl:
Maximal die 4-fache Zahl der zur Verfügung stehenden Plätze. Es kann aber auch in mehreren Gruppen gespielt werden. Dann gibt es jeweils auch mehr "Kaiser", die dann in einer Extrarunde den wahren Kaiser ausspielen können.

Durch die zwangsläufig entstehenden Pausen ergeben sich Gelegenheiten zu Gesprächen, einem Drink oder für kleine Rahmenwettbewerbe, wie Zielschießen, Dart o.ä.
Die Geslligkeit wird gepflegt ohne daß der sportliche Wert dabei verloren geht.

Bei der abschließenden Siegerehrung ist dann der Letzte besonders zu ehren, denn bereits der Vorletzte hat mindestens ein Erfolgserlebnis und wird sich daran psychisch aufrichten.

Kaisertennis

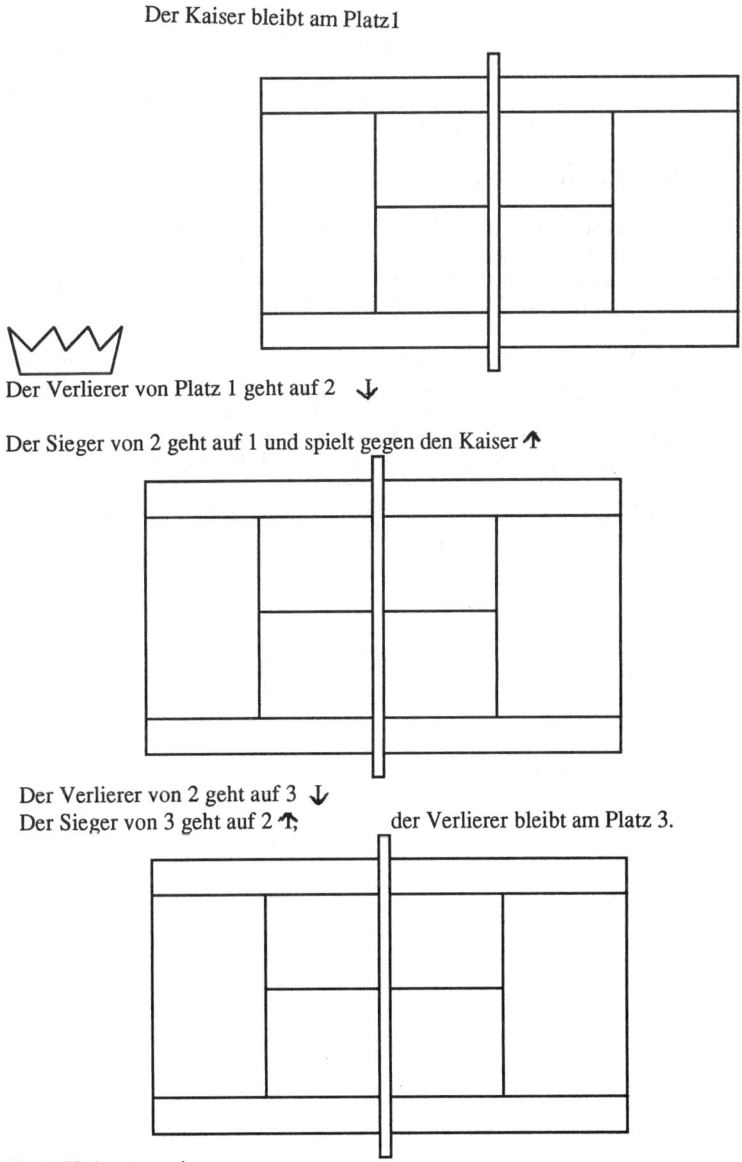

Abb.5: Kaisertennis

1.5. Spiel-System (Jeder gegen jeden)

Das Spiel-System, bei dem jeder Spieler gegen jeden spielt, ist in seiner zeitlichen Durchführung nur mit verkürztem Spiel- und Zählmodus oder als Jahresveranstaltung durchzuführen.
Es wird jedoch sehr schnell langweilig, wenn die Spielstärke der Mitspieler zu unterschiedlich stark ist. Der Reiz des ambivalenten Tennisspiels kann dabei verloren gehen.
Andererseits ist es eine gute Gelegenheit viele Spieler eines Clubs einmal im Jahr miteinander auf den Platz zu bringen.

- Tie-break-Turnier

Im Tie-break sind alle Überraschungen möglich! Die Anzahl der gespielten Punkte ist meist nicht repräsentativ für die wirkliche Leistung des Spielers. Daher ist der Ausgang über Sieg und Niederlage durch die kurze Spielzeit oft von Überraschungen geprägt.
Heiße Wettkampfathmosphäre - ohne die Angst ausscheiden zu müssen - ermöglicht das Tie-break-Turnier. Es kann als Einzel oder als Doppel bzw. als Mixed gespielt werden.
Der besondere Vorteil liegt darin, daß dieses Turnier zeitlich überschaubar an einem Abend während der Woche gespielt werden kann. Da sich dabei viele Clubmitglieder vielleicht zum ersten Mal begegnen ist die Geselligkeit, neben dem Wettkampf, gesichert.

Modus:

Die voraussichtlich besten Spieler werden, gemäß ihrer Spielstärke, gesetzt. Die übrigen Teilnehmer in die dazugehörigen Gruppen gelost.
Bei Einzelspielen werden die - voraussichtlich - besten Spieler jeweils verschiedenen Gruppen zugeordnet.
Bei Doppelspielen werden jeweils der beste mit dem letztplazierten, der zweite mit dem vorletzten Spieler usw. gepaart.
Pro Platz werden 4 Einzel- bzw. Doppel belegt.

Vorrunde:
Gespielt werden 2 bzw. 3 Gewinn-Tie-break (best of three or five), jeweils in der Gruppe Jeder gegen Jeden.
Bei Gleichheit entscheidet die Differenz der gewonnen Punkte bzw. bei erneuter Gleichheit die höhere Anzahl der gewonnen Punkte; danach der direkte Vergleich.

Endrunde:
Die in jeder Gruppe jeweils plazierten Ersten, Zweiten, Dritten, Vierten spielen wiederum in einer Gruppe (Jeder gegen Jeden) um die Plätze.

	Name	1	2	3	4	5	6	7	8	9	10	11	12	13	14	15	16	Spiele	Sätze	Rang
1																				
2																				
3																				
4																				
5																				
6																				
7																				
8																				
9																				
10																				
11																				
12																				
13																				
14																				
15																				
16																				

1.Runde:	1-16	2-15	3-14	4-13	5-12	6-11	7-10	8-9
2.Runde:	16-9	10-8	11-7	12-6	13-5	14-4	15-3	1-2
3.Runde:	2-16	3-1	4-15	5-14	6-13	7-12	8-11	9-10
4.Runde:	16-10	11-9	12-8	13-7	14-6	15-5	1-4	2-3
5.Runde:	3-16	4-2	5-1	6-15	7-14	8-13	9-12	10-11
6.Runde:	16-11	12-10	13-9	14-8	15-7	1-6	2-5	3-4
7.Runde:	4-16	5-3	6-2	7-1	8-15	9-14	10-13	11-12
8.Runde:	16-12	13-11	14-10	15-9	1-8	2-7	3-6	4-5
9.Runde:	5-16	6-4	7-3	8-2	9-1	10-15	11-14	12-13
10.Runde:	16-13	14-12	15-11	1-10	2-9	3-8	4-7	5-6
11.Runde:	6-16	7-5	8-4	9-3	10-2	11-1	12-15	13-14
12.Runde:	16-14	15-13	1-12	2-11	3-10	4-9	5-8	6-7
13.Runde:	7-16	8-6	9-5	10-4	11-3	12-2	13-1	14-15
14.Runde:	16-15	1-14	2-13	3-12	4-11	5-10	6-9	7-8
15.Runde:	8-16	9-7	10-6	11-5	12-4	13-3	14-2	15-1

Abb.6: Jeder gegen jeden

Erweiterte Endrunde:
In einer Art Forderung spielt jeder der auf geraden Zahlen Plazierten nochmals gegen den vor ihm Plazierten. Verliert er, so ist für ihn das Turnier beendet; gewinnt er, so darf er nach vorne weiterfordern, bis er verliert.

Teilnehmerzahl:
Nicht mehr als die 8-fache Anzahl der vorhandenen Plätze, damit die Wartezeiten nicht zu lang werden. Möglichst gerade Teilnehmerzahl.

Variante:

Beim Differenz-Spiel "Jeder gegen Jeden" wird nur die Differenz des Ergebnisses stets horizontal mit Plus oder Minus auf der Ebene des Spielers eingetragen. Hier, z.B.: A - B: 6/3 = +/-3; C - D: 7/5 = +/-2 usw.

	Name	1	2	3	4	Bälle	Platz
1	A		6/3 +3	4/6 -2	6/4 +2	+3	2.
2	B	3/6 -3		6/4 +2	4/6 -2	-3	3.
3	C	6/4 +2	4/6 -2		2/6 -4	-4	4.
4	D	4/6 -2	6/4 +2	6/2 +4		+4	1.

Spielreihenfolge	1–4	3–2
	4–3	2–1
	2–4	1–3

Abb.7. Differenz-System

1.6. Gemischte Systeme (Kings Cup)

Bei gemischten Systemen spielt man erst die Vorrunden in Gruppen jeder gegen jeden; dann wird in einer Endrunde im K.O.-System weitergespielt.
Es kann aber vor das Halbfinale (Vorschlußrunde) ein sog. Überkreuzspiel (1. gegen 2. der anderen Gruppe) als Zwischenrunde gespielt werden; damit ist gesichert, daß wirklich die besten Mannschaften das Finale erreichen. Die Auslosung könnte ergeben haben, daß die zwei stärksten Mannschaften bereits in der Vorrunde zusammen waren.

- Kings-Cup

Beim Kings-Cup werden 2er-, 3er- oder 4er-Mannschaften gebildet und in mehrere Gruppen gelost. Innerhalb der Gruppen spielt jede Mannschaft gegen jede.

Modus:

Gespielt werden immer 2 Einzel und ein Doppel.
Bei 4er-Mannschaften darf kein Mannschaftsmitglied zweimal in einer Begegnung eingesetzt werden.
Die Mannschaftsmeldung erfolgt vor jeder Begegnung verdeckt, d.h. die Mannschaftsführer decken vor jeder Begegnung ihre Aufstellungen für die Einzel (1 und 2) und das Doppel gleichzeitig auf.

Varianten:

- Die Zahl der Mannschaftsmitglieder kann auf 2 mit

  Überkreuzspielen oder auf 6 (Medenspiele) festgesetzt werden!

- Die Anzahl der Gewinnsätze kann auf 2 erhöht werden!

- In jeder Mannschaft müssen eine oder zwei Damen sein!

- In jeder Mannschaft muß ein Jugendlicher sein!

- In jeder Mannschaft muß ein Senior (oder Seniorin) sein!

- Alle Mannschaftsmitglieder müssen gleichoft in Einzel und Doppel eingesetzt werden.

Die Vorteile dieses Systems liegen in der Förderung des Mannschaftsgeistes und der Sportkameradschaft.

Gruppe A

	Name	1	2	3	4	Spiele	Sätze	Rang
1								
2								
3								
4								

Gruppe B

	Name	1	2	3	4	Spiele	Sätze	Rang
1								
2								
3								
4								

Gruppe C

	Name	1	2	3	4	Spiele	Sätze	Rang
1								
2								
3								
4								

Gruppe D

	Name	1	2	3	4	Spiele	Sätze	Rang
1								
2								
3								
4								

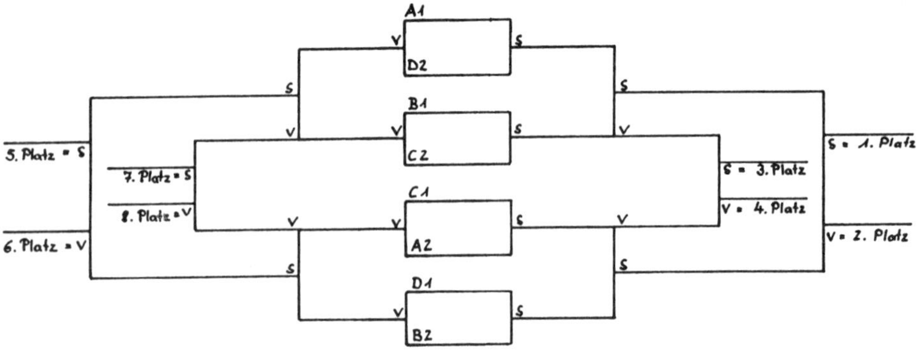

A1 = 1. von Gruppe A
B4 = 4. von Gruppe B
S = Sieger
V = Verlierer

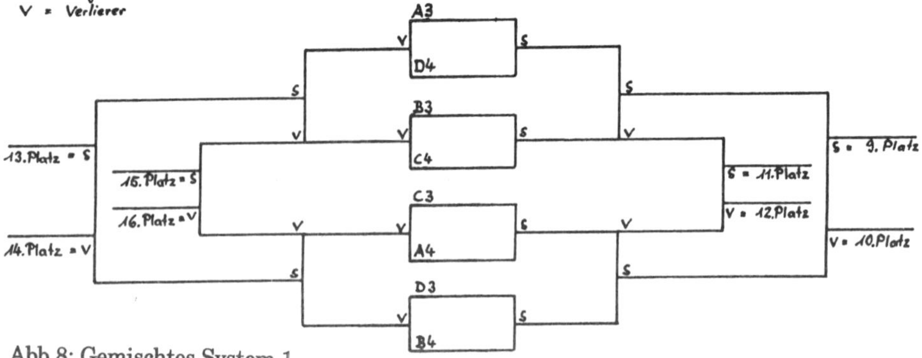

Abb.8: Gemischtes System 1

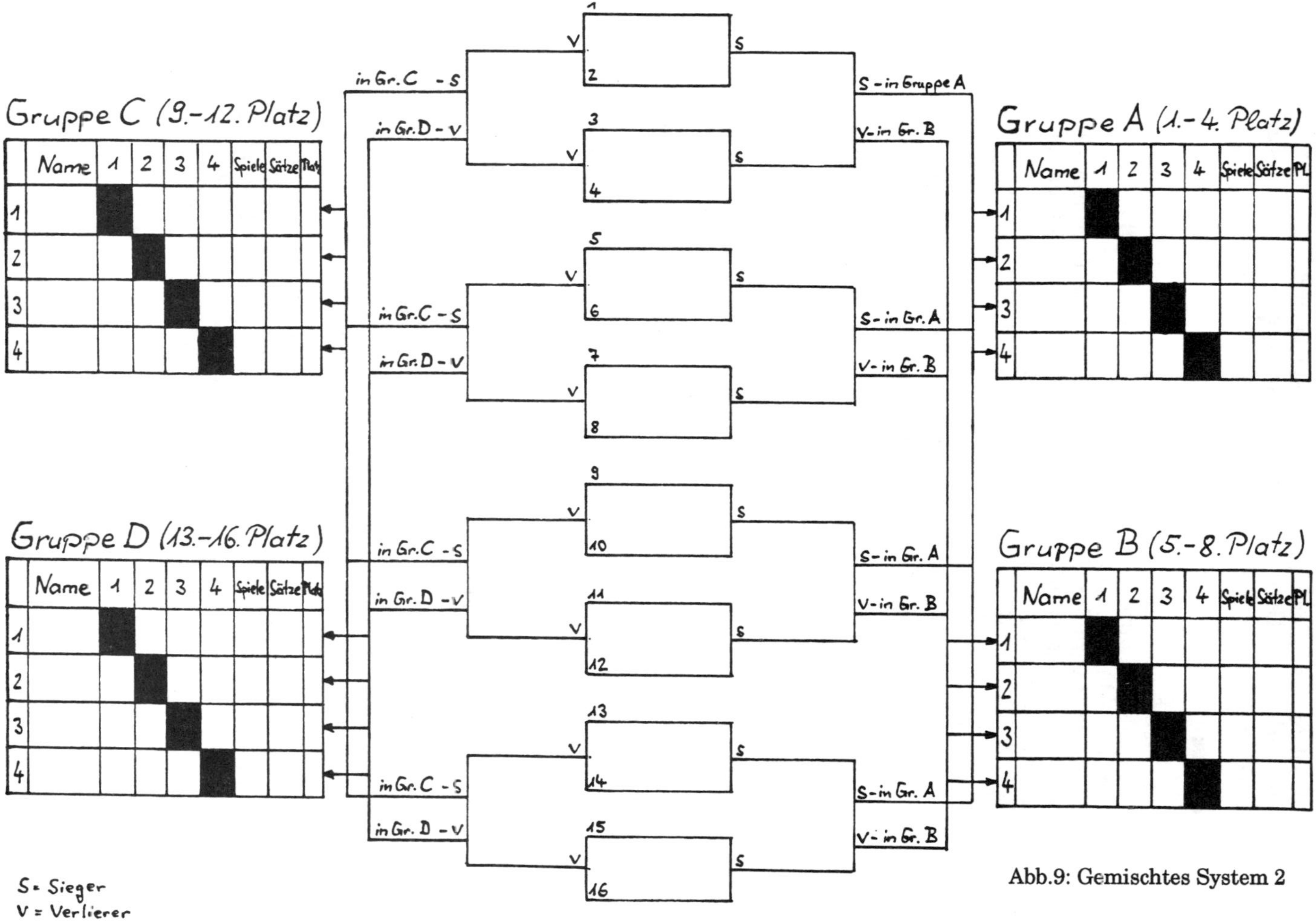

Abb.9: Gemischtes System 2

1.7. Los-Systeme ("Schleiferl-Turniere")

Die bekannteste Form geselliger Tennisspiele ist das Schleiferlturnier. Hier spielen alle Teilnehmer gleich oft. Es wird überwiegend das Losverfahren angewandt (vgl. Anhang I).

Modus:

Das Schleiferlturnier wird meist als Doppel gespielt, kann aber auch als Einzel durchgeführt werden. Dabei werden alle Paarungen durch Los ermittelt.
Die Spielzeit wird durch das Ergebnis, z.B. 1 Satz, oder durch Zeit limitiert. Die Sieger erhalten ein Schleiferl, das sie sichtbar auf der Tenniskleidung oder im Haar befestigen müssen.
Wer am Ende die meisten Schleiferl hat, ist Gesamtsieger.

Teilnehmer:
Die Zahl der Mitspieler sollte das 8-fache der zur Verfügung stehenden Plätze nicht überschreiten, da sonst die Wartezeiten zu lang werden.

Varianten:

- In jeder neuen Runde werden ein Sieger und ein Verlierer der vorhergehenden Runde zusammengelost.

- Damen und Herren werden stets als Mixed ausgelost; dabei können auch spielstarke Damen bei den Herren oder schwächere Herren bei den Damen ausgelost werden.

- Geübte und weniger geübte Spieler werden getrennt und aus verschiedenen Los-Töpfen zu einander gezogen.

- Um gleiche Paarungen zu vermeiden, werden die Lose auf mehrere verschiedene Töpfe verteilt. In jeder Runde wird aus einem anderen Topf gezogen.

Das Spielende kann nach bestimmter Zeit durch eine Trillerpfeife oder durch ein Musikinstrument (Trompete, Akkordeon, Dudelsack u.ä.) angezeigt werden. Es kann aber auch ein verkürzter oder, wenn es die Platzkapazität erlaubt, ein ganzer Satz gespielt werden.
Um den zeitlichen Rahmen zu straffen, empfiehlt es sich bei ganzen Sätzen, die sog."amerikanische Zählweise" einzuführen, damit die Sätze zeitlich nicht zu lang werden. Das heißt, es wird immer nur maximal 1 Einstand erreicht; der nächste Ball entscheidet das Spiel, wobei der Rückschläger bestimmen darf, von welcher Seite aufgeschlagen werden soll.

1.8. Verdeckte Systeme (Team-Tennis)

Durch Zusammenstellung oder durch Los werden Teams ermittelt. Die Zahl beträgt je Team zwischen 2 und 4 Mitspielern. Ähnlich der Nominierung der Doppel bei Medenspielen werden hier Einzel- und Doppelspiele (bei 4 Mitspielern) verdeckt nominiert und gleichzeitig mit dem gegnerischen Team aufgedeckt.
Der besondere Reiz dieses Turniersystems liegt darin, daß jeder Spieler des Teams einmal an jeder Position gespielt haben muß, im Einzel, wie im Doppel.
Es bedarf also einer taktischen Meisterleistung, um den jeweiligen Gegner
vielleicht aufgrund der gut kalkulierten Aufstellung zu schlagen.

- Team-Tennis

Beim Team-Tennis - die Spielerzahl pro Mannschaft sollte nicht unter 3 liegen - werden die Teams entweder nach der Rangliste oder durch Los zusammengestellt. Gespielt wird immer auf das Doppelfeld, nach Tennisregeln gewählt und gezählt!
Der Aufschlag rolliert den Nummern entsprechend!

Modus:

Nachdem jede Mannschaft verdeckt ihre Meldung abgegeben hat, - die Reihung kann beliebig erfolgen - wird mit einem Einzel auf das Doppelfeld begonnen, d.h., jede Mannschaft läßt ihre Nummer 1 zum Ausspielen des ersten Punktes antreten.
Gewinnt die Nummer 1 von Mannschaft A, so kann Mannschaft A den zweiten Punkt mit 2 Spielern als Doppel gegen B (1 Spieler) bestreiten.
Verliert Mannschaft A diesen 2.Punkt, so muß die Nummer 1 von A vom Platz und die Nummer 2 spielt alleine gegen Nummer 1 und 2 der Mannschaft B. Das Aufschlagrecht bleibt, wie beim normalen Tennisspiel, in der jeweiligen Mannschaft, auch wenn der Aufschläger beim Punktverlust den Platz verlassen muß. Dafür rückt der nächstnummerierte Spieler auf.
D.h., nur das gewinnende Team darf immer einen Spieler mehr aufs Feld bringen; bei Punktverlust müssen alle bis auf den nächsten Aufschläger (gemäß Aufstellung) vom Platz, genauer: der Aufschläger, der verliert geht immer vom Platz.
Es kann also z.B. zu einer Konstellation von fünf gegen einen kommen.

1.9. Tannenbaum-System

Das Tannenbaum-System wurde ursprünglich nicht als Turniersystem geschaffen. Es entstand als sinnvolle Variante der Organisation von Ranglistenspielen, um sogenannte "Blockaden" zu verhindern. Als Turnierform kann es zum "Dauerbrenner des Jahres" werden
Mit verkürzter Zählweise kann es jedoch auch an einem Abend sinnvoll gespielt werden.

Modus:

Jeder Spieler kann die vor ihm plazierten Spieler zum Spiel herausfordern, soweit diese in der gleichen Zeile mit ihm bzw. in der Zeile oberhalb rechts von ihm stehen. Z.B. kann im "Tannenbaum 1" die Nummer 8 die Nummern 4-7 fordern; die Nummer 10 die Nummern von 6-9 usw.
Im "Tannenbaum 2" kann die Nummer 8 nur die Nummern 5-7 fordern.
Dabei ist die Reihenfolge so einzuhalten, daß ein geforderter Spieler erst selbst fordern darf, bevor er erneut von einem hinter ihm stehenden Spieler gefordert werden kann.

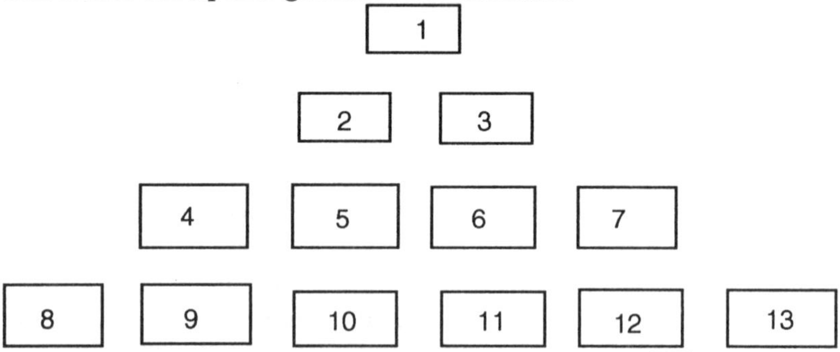

Abb 10a: Tannenbaum 1

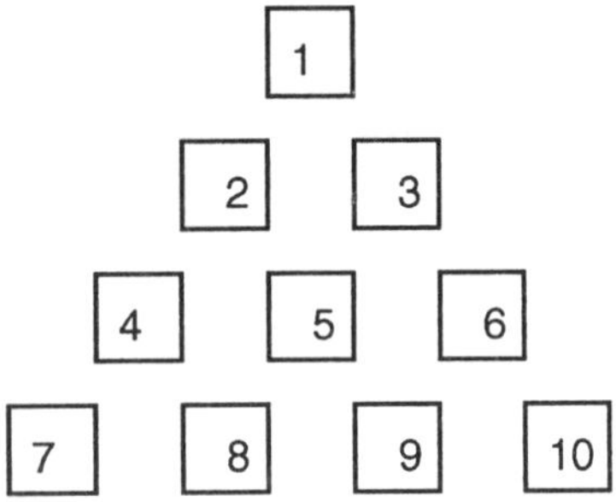

Abb.10b: Tannenbaum 2

2. Zählweisen

Die Geschichte der Entstehung der absonderlichen Zählweise im Tennis beruht auf vielerlei Spekulationen. Man nimmt an, daß sie auf auszuspielende Gewinne in Wert der 15-, 30- und 45-Pence-Münzen zurückgeht.

2.1. Normale Zählweisen

Die Zählweise über 15, 30, 40, Einstand, Vorteil und Spiel hat sich trotz vieler Ansätze einer Änderung bis heute gehalten.
Die zusätzliche Regelung, daß ein Satz mit zwei Gewinnspielen Vorsprung gewonnen wird, brachte bei manchen Turnieren unglaubliche Verzögerungen mit sich. Oft wurden Mammutsätze bis zu 100 Spielen gespielt.

2.2. Tie-break-Zählweise

Um die Ausdehnung eines Satzes ins Unendliche zu vermeiden, wurde die Tie-break-Regel eingeführt. Beim Satzstand von 6:6 tritt sie inkraft. Dabei wird numerisch gezählt. Derjenige Spieler, der als erster 7 Punkte mit zwei Punkten Vorsprung erreicht, ist Sieger des gespielten Satzes.
Steht es auch im Tie-break 6:6, so muß solange weitergespielt werden, bis einer der Spieler einen 2-Punktevorsprung erkämpft hat.
Der Modus ist so festgelegt, daß der zuerst aufschlagende Spieler von rechts beginnt und nur einmal aufschlagen (mind.2 Versuche) darf. Der Gegner beginnt dann von links und schlägt zweimal auf. Durch diese Regelung soll ein entscheidender Aufschlag-Vorteil zur Erlangung eines frühzeitigen 2-Punktevorsprunges vermieden werden.

Diese Zählweise kann aber auch als eigene Turnierform gewählt werden (vgl."Tie-break-Turnier").
Die Attraktivität des Tennisspiels leidet darunter keineswegs. Die Entscheidungen fallen nur viel früher.

Beim Mailänder "Shoot out 1989" traten die weltbesten 16 Spieler innerhalb eines Abends gegeneinander an. Das Preisgeld lag bei 1 Million Mark; die Halle war restlos ausverkauft, das Fernsehen übertrug die gesamte Veranstaltung.
Gerade für konditionell schwächere Spieler ist diese Turnierform interessant, denn nicht die Ausdauer, sondern die Schlagkraft und Technik entscheiden in stark komprimierter Wettkampfathmosphäre.

2.3. Verkürzte Zählweisen

Um den Turnierverlauf zeitlich beeinflussen zu können, werden z.T. auch bei regionalen Turnieren verkürzte Zählweisen angewandt, z.B. Spiel auf einen Satz bis 9 Gewinnspiele. Weitere Varianten sind:

- Die Entscheidung fällt spätestens mit dem 7.Punkt, d.h., ab Einstand entscheidet der nächste Punkt über den Gewinn des Spieles; dabei bestimmt der Rückschläger auf welche Seite aufgeschlagen werden soll.

- Die Entscheidung fällt spätestens mit dem 5.Punkt, d.h., ab 30:30 entscheidet der nächste Punkt über den Spielgewinn.

- Die Entscheidung fällt mit dem 3.Punkt, d.h. bei 15:15 entscheidet der nächste Punkt über das Spiel.

- Die Entscheidung über das Spiel fällt mit dem 2-Punktevorsprung, d.h., wer z.B. 30:0 oder 40:15 führt, hat das Spiel für sich entschieden.

2.4. Summierte Zählweise

Im Gegensatz zur normalen Satzauswertung des Systems "Jeder gegen jeden" werden hier nicht die gewonnen Sätze und Spiele gezählt, sondern allein die gewonnenen Spiele der einzelnen Sätze.
Jedes Spiel ist wichtig, denn es kann dadurch auch eine Niederlage ausgeglichen werden.

Variante:

Man zählt, wie beim Tischtennis, nur die Punkte bis 21.

Abb.11: Verschiedene Zählweisen

3. Turnierformen

Zentraler Inhalt des Tennissports sind Turniere. Die Ambivalenz des Spiels, die Wettkampfathmosphäre, das Ambiente eines Turniers sind für viele Tennisspieler das Besondere am Tennissport.
Im Wettkampfsport stehen - mit wenigen Ausnahmen - die Turniere mit K.O.-System im Vordergrund.
Im Tennis-Breitensport überwiegen die Turniere, bei denen alle bis zum Schluß in das Turnier eingebunden sind. Geselligkeit, neue Freunde kennenlernen, Spaß und Spielkultur stehen im Vordergrund.
Aber auch hier will man gewinnen, kämpfen und "gut aussehen"; es fehlt jedoch die Angst vor dem Ausscheidenmüssen.

3.1. Trainingsturniere

Unter Trainingsturnieren sind vorgegebene Komplexformen zu verstehen, die ein freies Spiel zumindest in den Eröffnungssequenzen einschränken.

3.1.1. Rundlaufspiele

Rundlaufspiele finden sich in vielen Varianten; meist werden sie z.B. nach dem Aufwärmen zum Einspielen betrieben. Dabei kann man zwei verschiedene Arten von Rundläufen als Wettkampfform anbieten:

- Kleiner Rundlauf

Beim kleinen Rundlauf wird die Feldseite nicht gewechselt. Die Spieler schließen sich immer wieder am Ende der Reihe an.

- Großer Rundlauf

Nach dem Einlaufen und der Aufwärmgymnastik ist - neben der Treffsicherheit - in diesem Spiel vor allem die Ausdauer als mitentscheidender Faktor anzusehen.
Das Einschleifen der Technik wird begünstigt; taktische Komponenten kommen nur in begrentem Maße zum Tragen.

Varianten:
- Es wird nur mit der Vorhand gespielt.
- Es wird nur mit der Rückhand gespielt.
- Vor dem Wechsel muß immer erst Vor- und Rückhand gespielt werden.

Die Spieler auf den Positionen A bis F spielen longline (oder nach Absprache cross), in festgelegte Spielfelder. Dabei wechselt immer der Spieler nach einem Schlag eine Position weiter. Wer macht die wenigste Zahl an Fehlern? Der Spieler, der einen Fehler gemacht hat, bringt den nächsten Ball ins Spiel.
Der Spieler, der drei Fehler gemacht hat, muß eine "Ehrenrunde" laufen, dann kann er sich wieder in den Rundlauf einordnen.

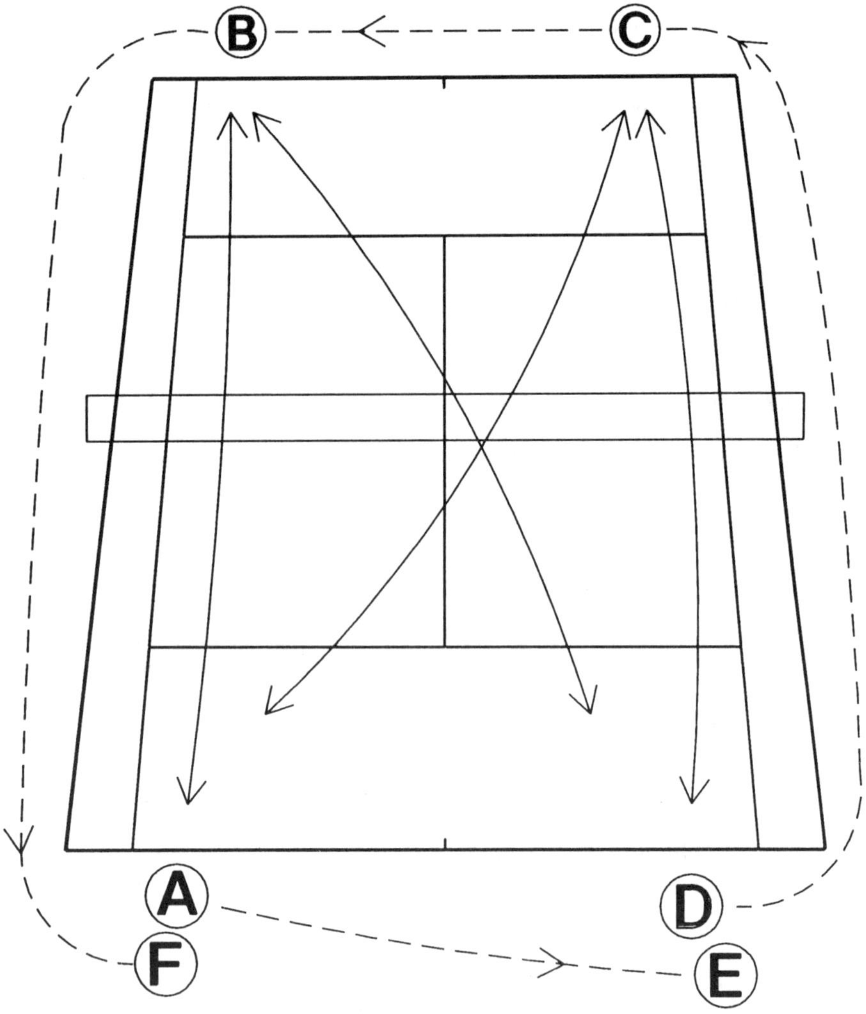

Abb.12: Großer Rundlauf

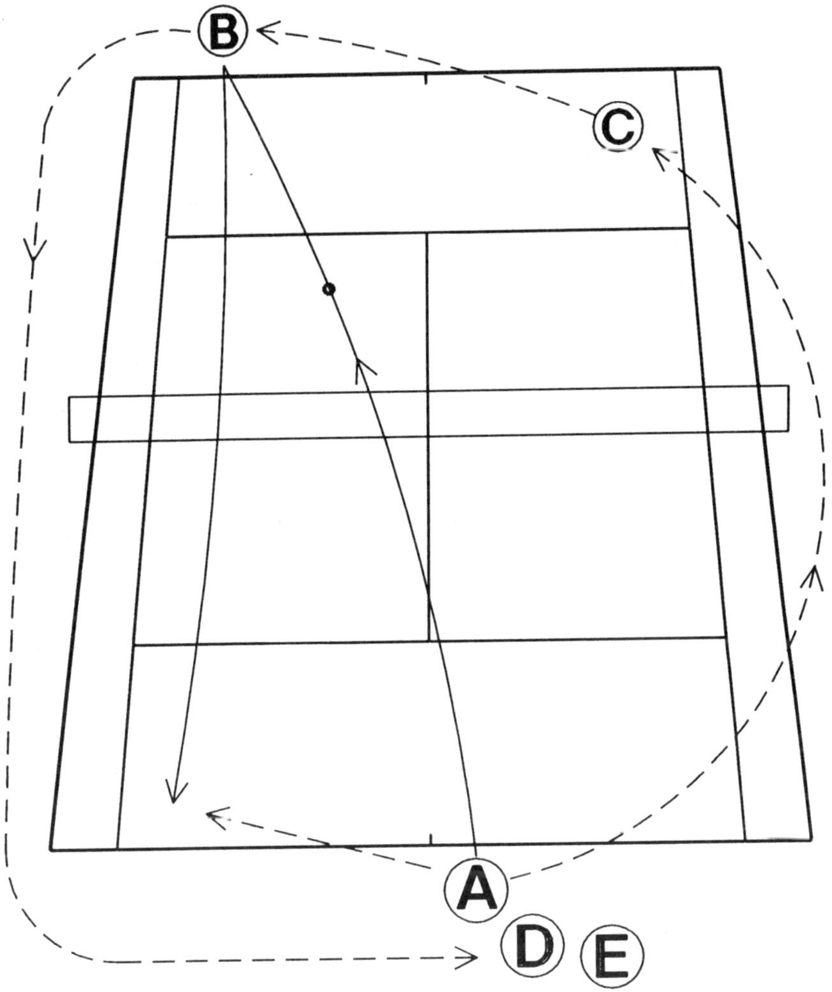

Abb.13: Rundlauf mit Aufschlag

Hier wird in den Rundlauf eine Station "Volley" eingebaut. Die Spieler durchlaufen die Positionen A (langer Grundschlag), A1 (= Volley) und B (= Flugball-Zuspiel). Spieler B verläßt seine Position erst, wenn der Spieler von Position D angekommen ist und hinter ihm stehend die Ablösung fordert.

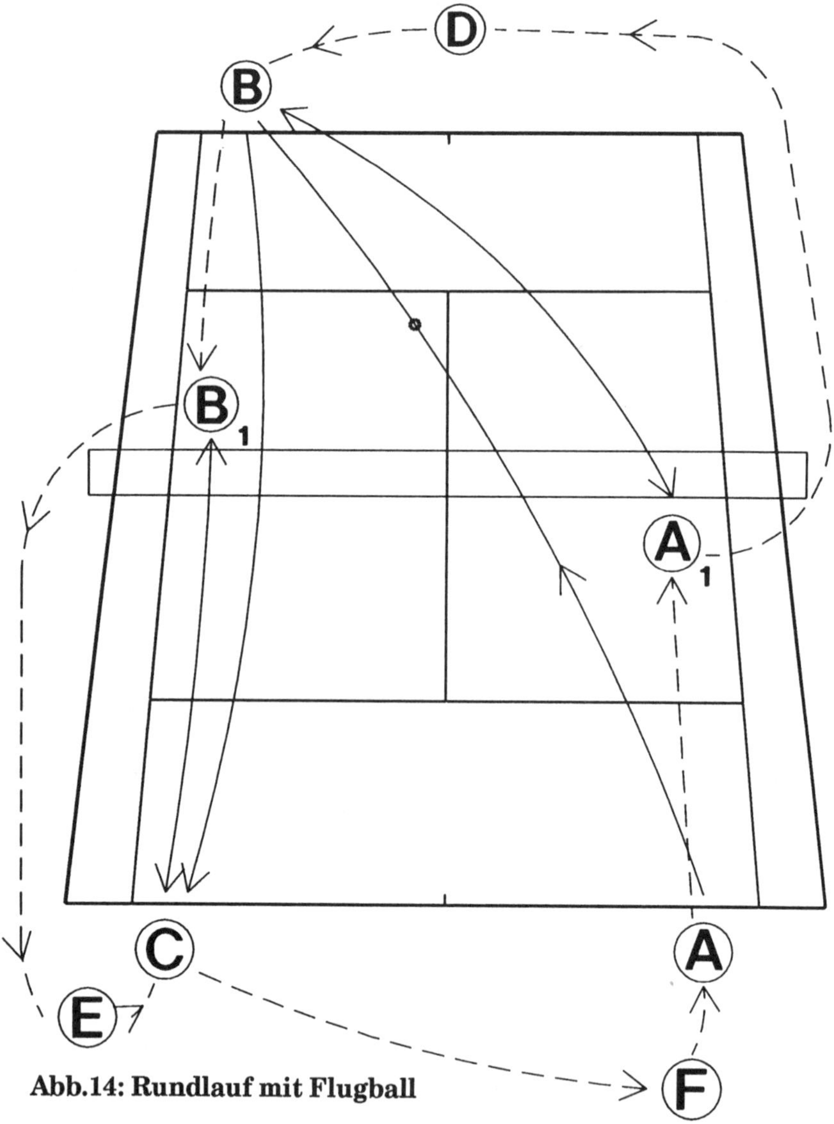

Abb.14: Rundlauf mit Flugball

3.1.2. Aufschlag-Rückschlagspiele

- Das Aufschlagspiel

Weit über das reine Aufschlagtraining hinausgehend empfiehlt sich diese spannende Spielform als Wettkampf. Gespielt wird diese Form als Einzel oder Doppel nach den normalen Tennisregeln.

Modus:

Die Spieler auf den Positionen A, B und C schlagen nacheinander auf und müssen gegen den (die) Spieler auf der Position D und E gewinnen, wenn sie weiterhin auf der Aufschlagposition verbleiben wollen. Denn: nur die Aufschläger können Punkte machen!#
Gewinnt der Aufschläger, so tauschen die Rückschläger die Positionen.
Verliert der Aufschläger, so wechselt er auf die Position E; E geht auf D, D zum Aufschlag usw.
Wer am ersten 10 Punkte hat, ist Sieger.

Das Rückschlagspiel - eine Variante für schwache Aufschläger:

Bei gleicher Spielform, wie oben, können hier nur die Rückschläger punkten und verbleiben dann auf der Position. Dies empfiehlt sich vor allem im Anfängerbereich. Wenn die Aufschläger schwach sind und mehr Trainingseinheiten brauchen als die anderen, ist dieses Spiel das ideale Training!

Variante:

Punktesystem

Der Aufschläger (oder Rückschläger) kann bestimmen, ob der Rückschlag auf das ganze oder nur das halbe Feld gespielt wird. Dadurch vermindern sich die Chancen des Rückschlägers auf den Punktgewinn.
Um hier einen reizvollen Ausgleich zu schaffen, sind auf das Normalfeld 1 und auf das halbe, längsgeteilte Normalfeld 2 Punkte zu gewinnen.

Werden diese Formen als Doppel auf der Rückschlägerseite gespielt, so empfiehlt sich für die Rückschläger nach jedem Aufschlag- und Rückschlagversuch die Positionen zu tauschen, damit die Aufschläger nicht auf Dauer, z.B. durch einen sehr spielstarken Rückschläger blockiert werden.

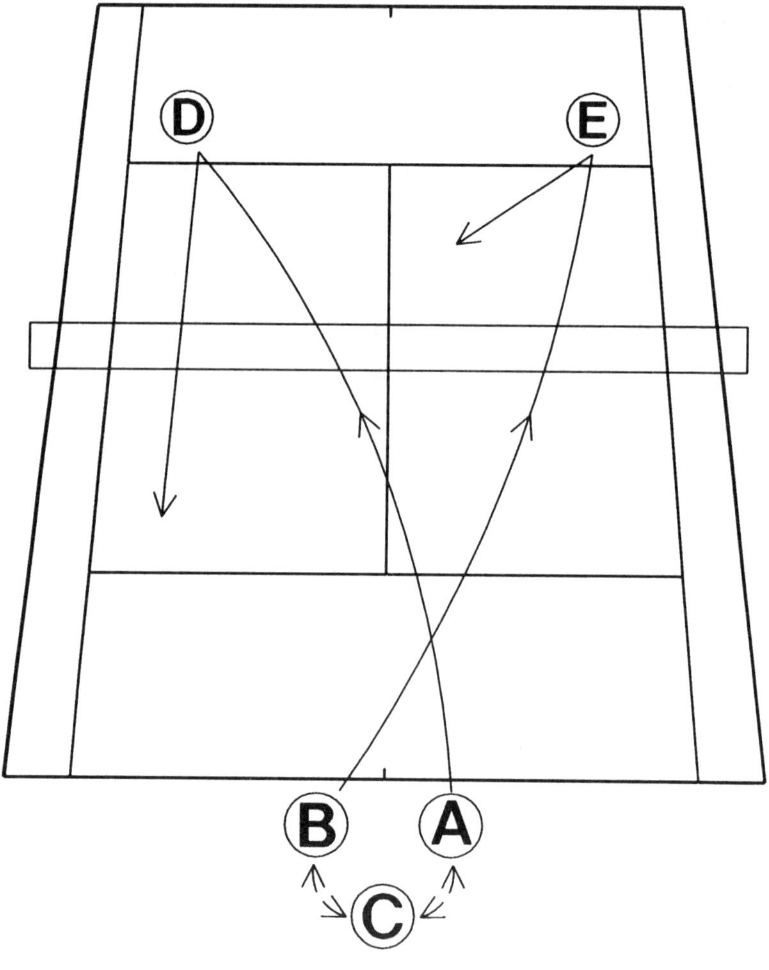

Abb.15: Das Aufschlagspiel

3.1.3. Volleyspiele

- Das Volleyspiel

Beim Volleyspiel darf, wie der Name schon sagt, der Ball nicht auf den Boden fallen, sondern muß stets in der Luft gehalten werden.

Modus:

Beim Volleyspiel besteht jede Mannschaft aus einem bis sechs Spielern, die sich möglichst gleichmäßig im Feld verteilen.
Gespielt wird

- auf das halbe Aufschlagfeld (bei 1:1),

- auf das Aufschlagfeld (bei 2:2),

- auf das Einzelfeld (bei 3:3 oder 4:4),

- auf das Tennis-Doppelfeld bei 5:5 oder 6:6.

Der Aufschlag erfolgt von der Grundlinie von unten und muß in das hintere Feld plaziert werden.
Der Ball muß direkt in das gegnerische Feld gespielt werden; er darf nicht zweimal auf einer Seite gespielt werden.

Variante: "Hebeball" (nach Maier, Pöttinger, Sklorz 1991)

Der Ball darf nur von unten geschlagen, d.h. gehoben werden.
Der Modus kann so festgelegt werden, daß der Ball im eigenen Feld ein- bis dreimal zugespielt werden kann, bevor er von unten geführt über das Netz ins gegnerische Feld gespielt (gehoben) wird. Diese Variante ist besonders für Tennisanfänger geeignet.

Merke:

Bei allen Volleyspielen ergeben sich nur dann dauerhafte und rasante Ballwechsel, wenn das Spielfeld nicht zu groß bemessen wird.
Es wird daher empfohlen, das Spielfeld so einzuengen, daß alle Spielräume abgedeckt werden können.
Spielt man z.B. ein Doppel unter dem Aspekt der Verbesserung des Flugballes, so ist das Spiel auf das Einzelfeld festzulegen, denn so werden Passierschläge nahezu unmöglich und Volleysituationen treten vermehrt auf.

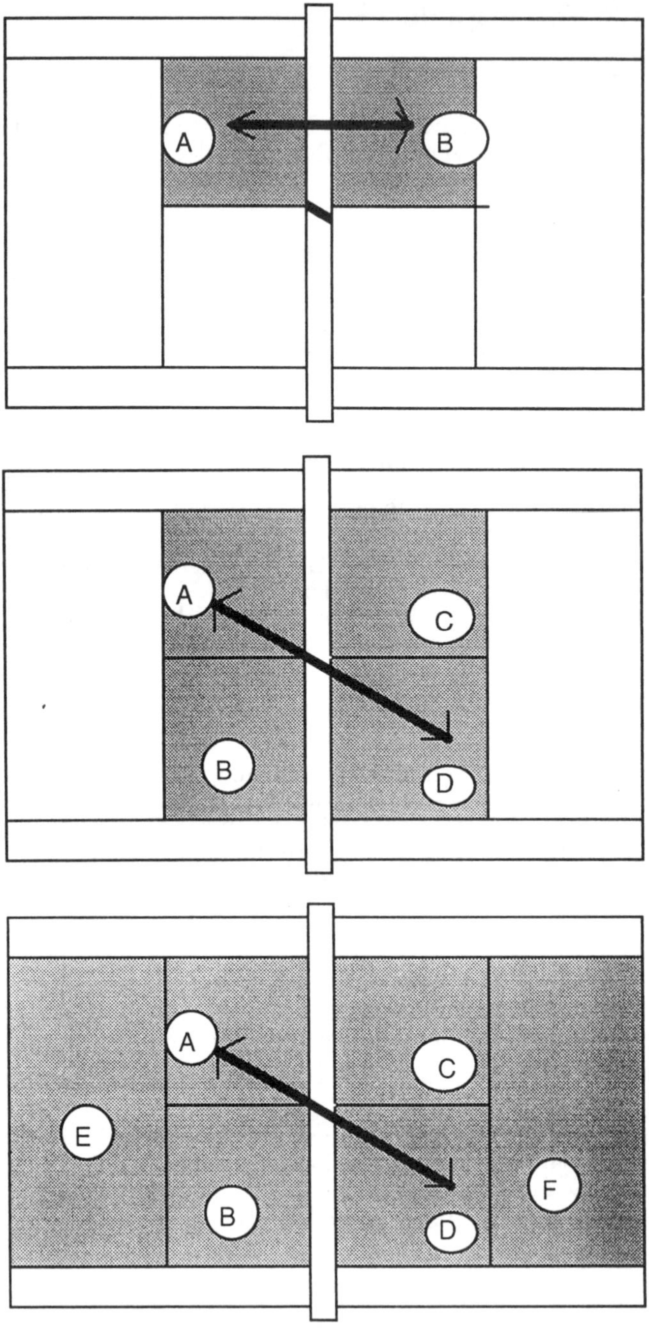

Abb 16: Volleyspiele und ihre Räume

3.1.4. Treibball mit Aufschlag

2 Mannschaften (3-6 Spieler in jedem Team) stehen sich auf einem Fußballfeld gegenüber. Das Spiel wird mit Aufschlag aus dem 16-Meterraum mit Aufschlag von oben eröffnet.
Die gegnerische Mannschaft schlägt den Ball zurück.
Modus: Gespielt wird innerhalb des Fußballfeldes. Der Ball darf - wie beim Tennis - als Volley oder nach einem Aufsprung zurückgeschlagen werden.
Wird der Ball nicht erreicht, so wird er von der Stelle, an der er unter Kontrolle gebracht wurde oder an der ins Aus ging, mit Aufschlag von oben wieder ins Spiel gebracht.
Sieger ist das Team, das den Ball über die Torlinie (zwischen die Eckfahnen!) des gegnerischen Teams schlagen kann.

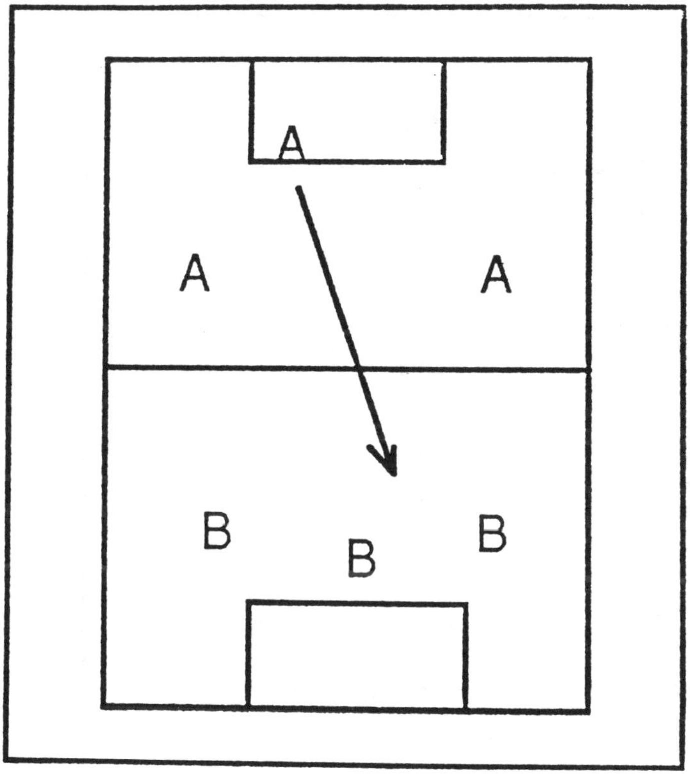

Abb.17: Treibball

3.1.5. Einer gegen alle

2-5 Spieler B spielen nacheinander gegen den 1 Spieler A. Der Trainer T (Zuspieler) steht seitlich hinter A und bringt die Bälle wechselseitig auf Vor- und Rückhandseite ins hintere Feld ins Spiel.

Modus:

Gespielt wird auf das Einzelfeld. Es werden je nach Spielerzahl 20 bzw.21 Punkte ausgespielt. Das Ergebnis der Spieler B wird zusammengezählt gegen die Punkte von A.

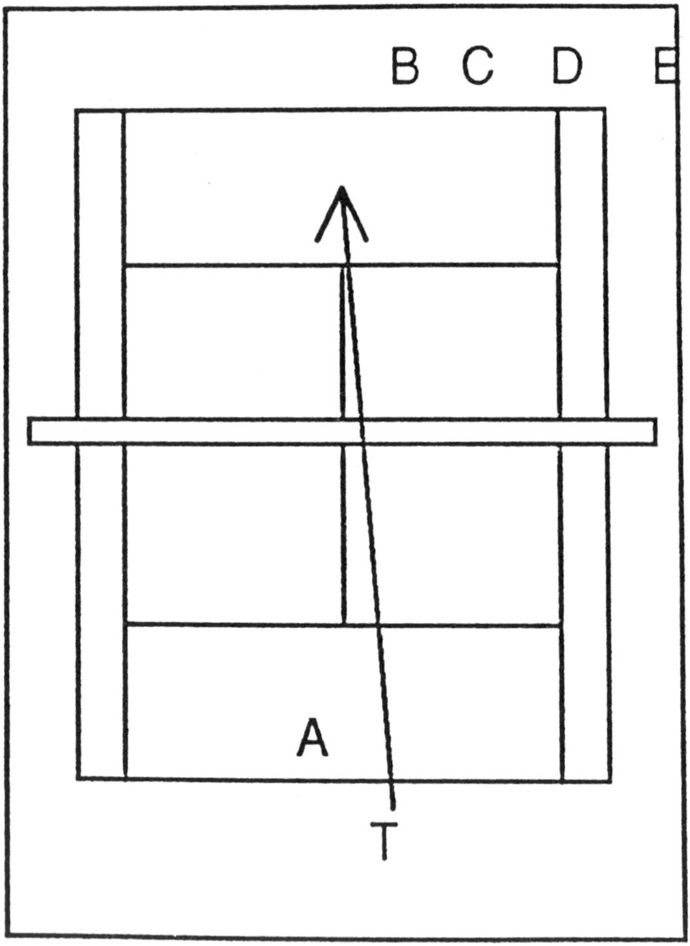

Abb.18: Einer gegen alle

3.2. Turniere mit verändertem Spielmodus

Unter Turnieren mit verändertem Spielmodus sind Tennisspiele zu verstehen, die vom traditionellen Spielmodus abweichen, um ganz bestimmte Spieleigenschaften besonders herauszustellen. So werden dabei z.B. das Angriffsspiel, das Defensivspiel, die Kondition allgemein oder speziell die Schlaghärte trainiert.

3.2.1. Sekundentennis

Nichts für Defensivspieler ist die Turnierform "Sekundentennis". Diese Turnierform ist zeitlich am sichersten zu berechnen und enthält trotzdem alle Momente eines spannenden Turniers.
Für die Turnierleitung ist dadurch eine genaue zeitliche Kalkulation des Turniers möglich.
Diese Trainings- oder Turnierform findet sicher bei all denen Anhänger, die die Lust am harten Schlagen auf den Tennisplatz führt.
Defensivspieler dagegen werden regelrecht gezwungen anzugreifen.

Modus:

Die Spielzeit jedes einzelnen Punktes wird dadurch limitiert, daß dem Aufschläger (Angreifer) nur 2 (oder maximal 3) Schläge (incl.Aufschlag) zur Verfügung stehen; d.h., der Aufschläger muß nach dem Return mit dem nächsten Schlag gewinnen oder er hat, wenn der Gegenspieler in der Lage ist, den Ball nochmals zurückzuspielen, verloren.
Mit anderen Worten: der Aufschläger muß mit seinem 2.(oder 3.) Schlag den Punkt entscheiden.

Variante:

Diese Turnierform kann dadurch weiter gestrafft werden, indem man die sog."amerikanische Zählweise" eingeführt. Dabei gibt es nur ein einziges Mal (1x) Einstand; der nächste Punkt entscheidet über den Spielgewinn. Der Rückschläger kann dabei bestimmen, von welcher Seite der Aufschlag zu erfolgen hat.

3.2.2. Trio-Turnier

Beim Trio-Turnier kann jede beliebige Turnierart gewählt werden; empfehlenswert ist jedoch, nicht im K.O.-System zu spielen.
Statt der Doppel werden Trios ausgelost; dabei empfiehlt es sich, drei verschiedene Leistungsklassen aus drei Töpfen zusammenzulosen.
Das "Trio" ist spannend wie das Doppel und bringt durch die dichtere Besetzung des Platzes eine Vielzahl "heißer" Volleyszenen.
Ferner können vielmehr Teilnehmer als bei anderen Turnierformen auf den Platz gebracht werden.
Das Zusammengehörigkeitsgefühl und der Mannschaftsgeist werden gefördert.

Teilnehmerzahl:
Es sollte maximal die zwölffache Zahl der vorhandenen Plätze nicht überschritten werden.

Modus:

Der Aufschlag erfolgt während eines Spiels immer von derselben Seite. Die Rückschläger rollieren bei jedem Aufschlag (nach Regel: max. 2 Versuche!) im Uhrzeigersinn eine Position weiter.
Der erste Aufschläger eines Teams schlägt immer von rechts (das ganze Spiel!), der zweite von links auf.
Die Feldpositionen können beliebig besetzt werden. Es empfiehlt sich jedoch, nach der üblichen Grundregeln der Doppeltaktik zu verfahren. D.h., die aufschlagende Partei rückt näher ans Netz, die rückschlagende versucht durch Lobs oder lange Angriffsbälle die Netzposition zu erobern.
Wichtig ist nur, daß der Aufschlag regelgerecht erfolgt. Die Zählweise ist normal. Dies gewährleistet, daß jeder Spieler innerhalb des Satzes mindestens einmal zum Aufschlag kommt.

Varianten:

- In jedem Trio muß mindestens eine Dame sein!

- In jedem Trio muß ein Senior sein!

- In keinem Trio dürfen mehrere Mitglieder einer Familie sein!

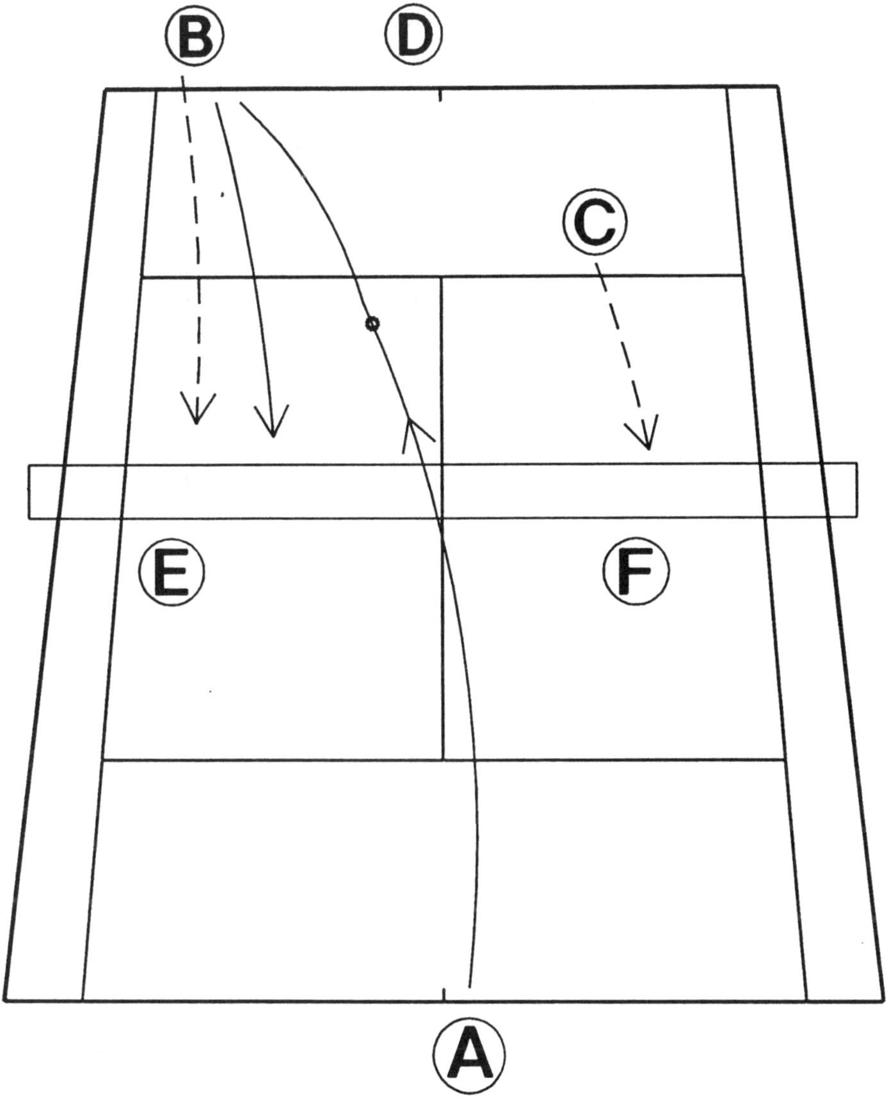

Abb 19: Trio

3.2.3. Real-Tennis oder die "Schießbude"

Real-Tennis ist ein Vorläufer unseres heutigen Tennisspiels und wird in Frankreich heute noch gespielt.
Ursprünglich spielte man dieses Spiel in englischen Ballhäusern. Dabei wurden die Zielgebiete mit 15-, 30- oder 45-Sous-Stücken belegt. Man vermutet, daß sich hieraus unsere heutige Zählweise ergab.
Sinn des Spiels ist, die Rückwand oder das Auffangnetz an der Rückwand zu treffen bzw. die eigene Rückseite zu verteidigen.

Modus:

Hinter der Grundlinie werden auf beiden Seiten Torpfosten (Ständer) aufgebaut. Man kann auch die gesamte Rückseite als Zielfeld nehmen, indem man die Hallenpfosten miteinbezieht.
Die Grundlinie ist aufgehoben.
Der Aufschlag erfolgt stets regelgerecht von unten. Aufschlag hat die Partei, die den letzten Ball verloren hat. Es kann aber auch ein neutraler Spieler die Bälle ins Spiel (Aufschlagfeld) spielen.
Durch den Aufschlag von unten soll den Angreifern die Möglichkeit zum "Schuß" gegeben werden. Die Verteidiger versuchen ebenfalls erfolgreich zurück zu treffen

Wertung:

Die Zählweise ist wie beim normalen Tennisspiel. In die Wertung kommen jedoch nur Bälle, die die Rückwand erreichen.
Bälle, die über Reichhöhe in das Auffangnetz fallen, werden als Fehler gewertet. Die Höhe der Linie wird vorher abgesprochen.
Stops sind daher unmöglich; Bälle, die ins Netz oder in die Seitenwand (-netz) gehen oder nicht mehr zurückgespielt werden können, werden als Fehler gewertet.

Es sollte möglichst in Gruppen (jeder gegen jeden) bzw. als Mannschaftskampf mit Doppeln gespielt werden.

Bei durchgehender Rückseite ist die Breite (ca.15 Meter) entsprechend der möglichen Schlaghärte und Spielerzahl zu begrenzen.

Bemerkung:

Aus didaktischer Sicht ergibt sich ein positiver Nebeneffekt dadurch, daß die Spieler meist sog. "aufsteigende" Bälle, Flugbälle oder Halbflugbälle spielen müssen. Ihr Spiel wird zwangsläufig schneller.
Die nötige Schlaghärte wird spielerisch trainiert und nicht nur Kindern macht das Spiel besonders viel Spaß, da man einmal nach "Herzenslust draufhau'n" kann.

3.2.4. Turnier mit der Gegenschlaghand

Der einzige Vorwurf, der von Mediziner Seite gegen das Tennisspiel erhoben wird, ist der, daß das Spiel nur eine Oberkörperseite belaste und damit gewisse Dysbalancen der Körperseiten mit sich bringe.
Wer kein gezieltes Ausgleichstraining machen will, hat vielleicht Lust, die Gegenseite in Turnierform zu trainieren. Außerdem hat diese Art des Spiels den großen Vorteil, daß man durch das Training der Gegenseite noch einmal im Leben mit der Situation des Anfängers vertraut wird. So kann es sein, daß man eingeschliffene Fehler der Schlaghandseite auf der Gegenschlaghandseite erkennt und nicht mehr macht. Auf diese Weise kann man durch den sog."bilateralen Lerntransfer" sogar seine Technik ganz erheblich verbessern.

Modus:

Es bieten sich verschiedene Turnierformen an:

Entweder spielt man ein ganz normales Tennisturnier - nur mit der Gegenschlaghand, dann ist, vor allem bei den Aufschlagversuchen, der Spaß gesichert -

oder

- es spielen nur die spielstärkeren Teilnehmer mit der Nicht-Schlaghand. So kann man stärkere Spieler oder nur die Herren "recht schlecht" aussehen lassen.
Dadurch können Damen, Herren und Kinder in einem Turnier belassen werden.
Sicher wird sich die aktuelle Rangliste im Turnierverlauf nicht bewähren.

oder

- man spielt, wenn die technischen Schwierigkeiten mit der Gegenschlaghand für das Normalfeld zu groß sein sollten, nur auf das Aufschlagfeld mit Aufschlag von unten.

oder

- man spielt nur bilateral, d.h. immer nur Vorhand auf der linken und rechten Seite. Bei sehr guten Spielern kann man auch nur Rückhand bilateral spielen lassen.

Teilnehmerzahl: unbegrenzt

3.2.5. Requisitenturnier

Im Requisiten-Turnier wird daran gedacht, die besseren Spieler durch entsprechende Requisiten in ihrer Spielentfaltung zu behindern. Nicht nur in der Faschingszeit wird dieses "Verkleidungsszenarium" die Athmosphäre des Turniers auflockern.

Als Requisiten eignen sich dabei besonders gut:

- Übergroße Schuhe oder Flossen,

- durch ein Seil (ca.3 Meter) zusammengebundene Handgelenke,

- zu große oder sonst behindernde Kleidung,

- Rucksack mit Steinen beschwert,

- Augenklappe für ein Auge,

- Schirme, die aufgespannt getragen werden müssen,

- Koffer, die beim Spiel mitgetragen werden müssen,

- Bratpfannen als Schlägerersatz,

- Schläger mit Schlägerhülle,

- Schläger mit Nylonstrumpf-Bespannung; letzterer Vorschlag erfordert einige Vorbereitung, da unbespannte Rahmen benötigt werden, über die dann die Nylonstrümpfe gezogen werden. Der Spieleffekt durch die extrem weiche Bespannung ist jedoch verblüffend.

Modus:

Es werden aufgrund der Rangliste oder durch Entscheid der Turnierleitung mehrere Leistungsgruppen gebildet, denen dann - je nach Leistungsvermögen - entsprechende Handicaps zugewiesen werden.
Die Handicaps können auch den besseren Spielern zugelost werden.
Wegen des größeren Unterhaltungswertes empfiehlt es sich, nur kurze Sätze bzw. Tie-breaks spielen zu lassen.

Teilnehmerzahl:

Maximal die 8-fache Anzahl der vorhandenen Plätze. Möglichst gerade Teilnehmerzahl.

3.2.6. Ein-Schlägerspiel

Beim Ein-Schlägerspiel werden Reaktionsschnelligkeit und Spaß miteinander verbunden.
Dieses Spiel stellt an die Umstellungsfähigkeit der Spieler hohe Anforderungen, denn nach jedem Schlag ist es notwendig, sich gedanklich aus dem unmittelbaren Spielgeschehen zu lösen, um seinen Partner zum Einsatz zu bringen.

Modus:

Das Spiel wird nach den üblichen Tennisregeln als Doppel gespielt. Es werden Paare gebildet oder gelost. Jedes Paar darf jedoch nur einen Schläger wählen, der nach jedem Schlag vom einen zum anderen Partner weitergegeben werden muß.

Die Spieler sind daher gezwungen alle Wege des Partners mitzugehen, wenn sie dieses Spiel erfolgreich gestalten wollen. Zunächst empfiehlt es sich, dieses Spiel nur auf ein halbes Aufschlagfeld zu spielen. Wenn die Technik und das taktische Verhalten auf einen Schläger eingestellt sind, steht dem Spaß auf dem Normalfeld nichts mehr im Wege.

Hinweis:

Damit möglichst keine Verletzungen erfolgen, ist es sinnvoll, vom Partner so viel Abstand zu nehmen bzw. soweit hinter dem Partner zu stehen, daß die Aushol- und Ausschwungphase ohne Einschränkung durchgezogen werden kann.

Varianten:

- Spiel aufs halbe Aufschlagfeld;

- Spiel aufs Aufschlagfeld;

- Spiel aufs halbe Einzelfeld;

- Spiel mit Softbällen;

- Eine besondere Variante stellt das Spiel mit einem sogenannten Doppelschläger dar. Die Schläger werden dabei mit den Schlägerköpfen so zusammengebunden, daß auf jeder Seite ein Griff entsteht. Diese Variante kann aber nur auf einem Minifeld gespielt werden.

3.2.7. Tennis mit Partnern unterschiedlicher Spielstärke

Der Idealfall, daß beide Partner gleich stark sind, wird im Tennis nur selten erreicht. Damit geht die reizvolle Ambivalenz des unentschiedenen Spielausgangs verloren. Denn der Sieger steht oft schon bei Beginn des Spieles fest.
Um jedoch diese Ambivalenz zu erhalten, schlagen wir folgende Spielformen vor:

- Im Fortgeschrittenenbereich:

Der stärkere Spieler verteidigt das Normalfeld, der schwächere das halbe Spielfeld

a) das hintere Feld,

b) das halbe Normalfeld.

c) das hintere Viertelfeld.

- Im Anfängerbereich:

Der Anfänger verteidigt das vordere Viertelfeld (1/2-Aufschlagfeld), der "fortgeschrittene Anfänger"

a) das halbe Spielfeld,

b) das vordere Feld,

c) das Normalfeld.

Diese Spielform ermöglicht es, z.B. Kinder und Erwachsene in einem realen Spiel gegeneinander zu stellen.

Welche Feldgröße gewählt wird entscheidet immer der Ausgang des vorhergehendes Spieles.
Das Feld des Spielers, der gewonnen hat, wird vergrößert bzw. das Feld des Verlierers wird verkleinert.

Sollte auch auf diese Weise keine Ambivalenz des Spieles gefunden werden, so kann der schwächere Spieler zusätzlich Vorgaben erhalten (z.B. 15, 30 oder 40:0) bzw. der stärkere mit Vorgaben belastet werden (vgl.Handicap-Spiel!).

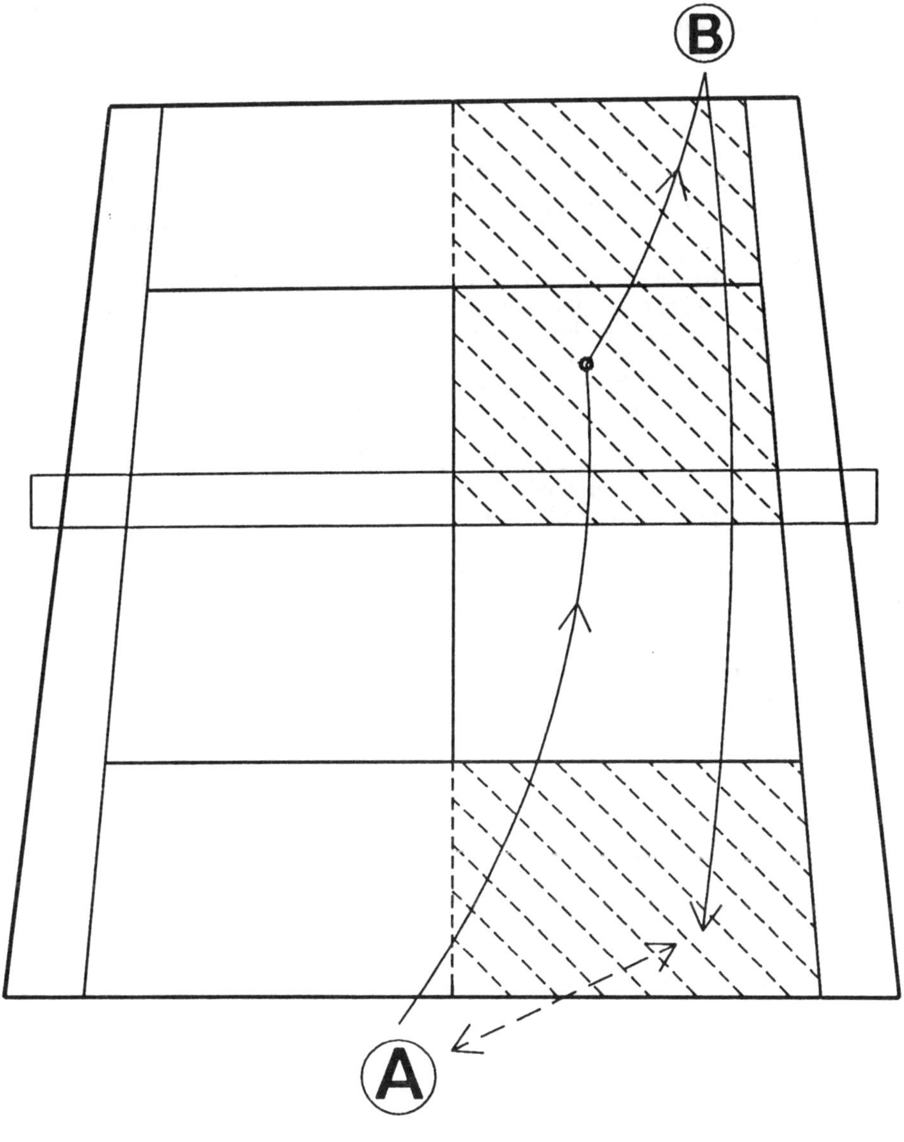

Abb.20: Tennis mit Partner unterschiedlicher Spielstärke

3.2.8. Handicap-Turniere

Das Handicapturnier sucht eine Nivellierung der Spielergebnisse zu erreichen. Dabei werden in jeder Runde neue Paarungen ausgelost; wobei Sieger und Verlierer der vorhergehenden Runde immer in verschiedene Töpfe kommen.

Modus:

Die Sieger der ersten Runde erhalten ein Handicap von 15; d.h. ihr Gegner beginnt sein Spiel immer von der linken Seite mit dem Bonus von 15:0. Verliert er in der nächsten Runde steht er wieder auf normal Null.
Gewinnt dieses Match wiederum der Sieger der vorhergehenden Runde, so wird der Gegenspieler mit einem Bonus von 30:0 belegt, soweit er nicht selbst im vorhergehenden Spiel Bonuspunkte gemacht hat. Die Punkte werden stets gegeneinander aufgerechnet. Sollte er dennoch wieder gewinnen, so erhält sein Gegenspieler 40.0 vor, abzüglich oder zuzüglich der eigenen Punkte.
D.h., spielt ein Spieler nach drei aufeinanderfolgenden Siegen gegen einen mit zwei Niederlagen, dann beginnt das Spiel aus Sicht des bisher Siegenden mit -30:40.

Sieger des Turniers ist der Spieler mit der größten Anzahl an Siegen.

Variante:
Spieler, die die

1.Runde gewonnen haben, dürfen in der nächsten Runde nur mit der Vorhand spielen.

2.Runde gewonnen haben, dürfen in der nächsten Runde nur mit der Rückhand spielen.

3.Runde gewonnen haben, dürfen in der nächsten Runde nur mit der Gegenschlaghand spielen.

4.Runde gewonnen haben, dürfen in der nächsten Runde nur mit zusammengebundenen Beinen spielen usw.

3.2.9. Laufendes Band

Wie bei Kaisertennis oder im Schleiferlturnier wird eine bestimmte Zeit oder Anzahl von Spielen gespielt. Danach wechseln die Partner, einer nach rechts, der andere nach links (oder einer in der Platzziffer nach unten, der andere hinauf).
Jedes gewonnene Spiel ergibt einen Punkt; am Schluß hat man dann eine Punkte-Rangliste.
Da jeder Spieler gegen jeden spielt, kann man sich als Trainer einen relativ schnellen Überblick über die Spielstärke seiner Schüler machen.
Der Durchgang ist beendet, wenn die ersten Partner wiederum aufeinandertreffen.
Die ständigen Wechsel bedingen auch eine Umstellungsfähigkeit auf die wechselnden Gegner.

Varianten:
- Wird das "Laufende Band" als Doppel gespielt, so wechsel immer nur einer der Partner nachts rechts, während der andere stehenbleibt.
- Reizvoll ist es "Männer am laufenden Band" zu spielen. Die Damen bleiben am Platz, die Herren wechseln die Plätze. Selbstverständlich geht es auch umgekehrt.
- Das Siegerpaar bleibt am Platz; das Verliererpaar wechselt und trennt sich dort.

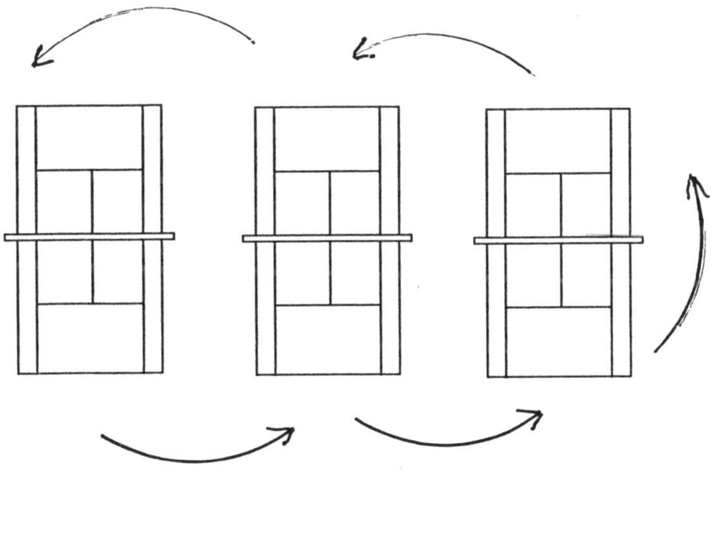

Abb.21: Laufendes Band

3.2.10. Revier halten!

Eine Seite des Platzes wird als Aufschlagseite festgelegt (Revier), die andere als "Läuferseite". Die Aufschläger (P="Platzhirsche") müssen das Spiel gewinnen, wenn sie ihr Revier behalten wollen. Die Verlierer (V) müssen - alle nach links (oder rechts) - zum nächsten Platz weitergehen und ihr Glück erneut versuchen. Verlieren die "Platzhirsche" ihren Aufschlag, so tauschen sie mit dem Herausforderer den Platz, d.h. sie wechseln statt dessen als Läufer (Herausforderer) weiter.
Die Punkte können, müssen aber nicht gezählt werden.

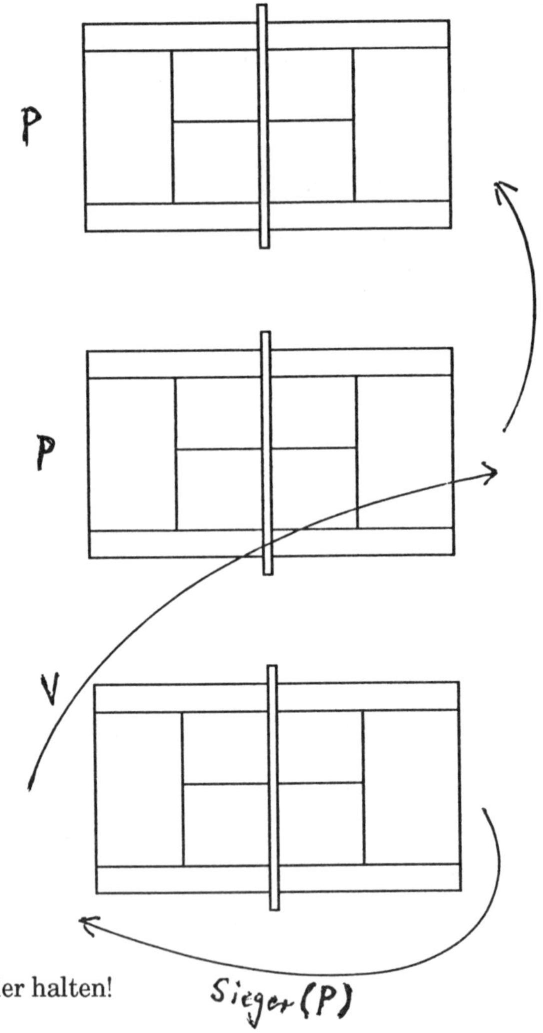

Abb.22: Revier halten!

3.2.11. 6-Tage-Rennen

2er-, 3er- oder 4er-Teams stehen sich gegenüber. Eine Rangliste (Reihenfolge) wird in jedem Team festgelegt. Gespielt wird zunächst ein Einzel.
Der Spieler, der den ersten Punkt gewinnt, spielt alleine weiter und bleibt solange am Platz, bis er den ersten Punkt verliert.
Der bisherige Partner wird durch den zweiten Spieler seines Teams abgelöst.
Das Spielergebnis wird zusammengezählt. Die Zählweise ist beliebig.
Nach vorher festgelegter Reihenfolge lösen sich die Spieler eines Teams ab. Der Spielstand bleibt dabei immer erhalten.
Sollte der erste Spieler das Spiel glatt, d.h. ohne Punktverlust gewinnen, gewinnen, so beginnt im nächsten Spiel die Nummer Zwei seines Teams usw.

Varianten:

Der Wechsel erfolgt nach

- jedem Punkt;
- jedem gewonnenen Punkt;
- 2,3, oder 5 Punkten.

Variante:

6-Tage-Rennen als Doppel, Trio, Quartett

Modus:
Das Spiel beginnt mit einem Einzel. Nach dem ersten Punkt darf der Verlierer Vertärkung, d.h. einen Spieler seines Teams, auf den Platz holen (Doppel gegen Einzel).

Fall 1:
Verliert z.B. das Doppel, so holt es einen weiteren Spieler und wird zum Trio, nach weiterem verlorenen Punkt zum Quartett.

Fall 2:
Verliert der Einzelspieler gegen das Doppel, so holt er seinerseits einen Spieler seiner Mannschaft aufs Feld; es spielt dann Doppel gegen Doppel, dann Trio gegen Doppel usw.

Die zuletzt aufgezeigten Spielformen betonen besonders den sozialen Aspekt im Tennisunterricht und eignen sich gut für den gemeinsamen Unterricht starker und schächerer Schüler.

3.2.12. Netz gewinnt!

Gute Technik und Reaktionsschnelligkeit setzt die Trainings- und Spielform "Netz gewinnt!" voraus.

Modus:

Es wird im halben Doppelfeld gespielt. Lobs werden nicht erlaubt. Ein Spieler steht am Netz (A), der andere an der Grundlinie (B). Der Trainer (T) spielt die Bälle von der Seite zu.
Der Spieler X wartet darauf, den Spieler A ablösen zu können.
Der Spieler Y hat vorher am Netz verloren und spielt dann für B.
Der Grundlinienspieler versucht, den Netzspieler zum Fehler zu zwingen. Sobald ihm das gelingt, wechselt er auf die Netzseite.
Jeder erfolgreiche Volley bringt einen Punkt. Punkten können nur die Netzspieler. Wer spielt am längsten erfolgreich am Netz?

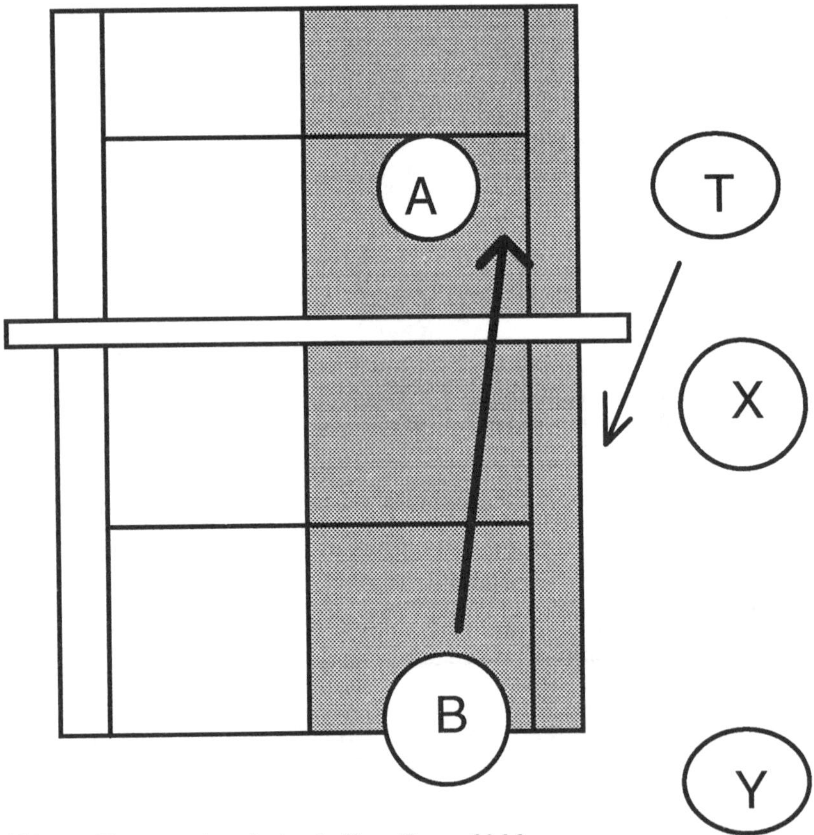

Abb.23: Netz gewinnt! - im halben Doppelfeld

3.3. Turniere für bestimmte Personenkreise

Großer Beliebtheit erfreuen sich Turniere, die nicht jedem oder zumindest nur unter bestimmten Bedingungen offenstehen. Diese Formen werden überwiegend als Doppel gespielt.

3.3.1. Familienturniere

Vater/Sohn, Mutter/Tochter, Ehepaar- oder Mixed sollten nicht im K.O.-System gespielt werden. Sinn dieser Veranstaltungen ist, daß möglichst viele Familien durch Tennis miteinander Freundschaft schließen.
Als Modus sollten daher 4er-oder 5er-Gruppen gewählt werden, in denen jeder gegen jeden spielt. Bei 2-tägigen Turnieren kann dieser Modus beibehalten werden, bei 1-tägigen kann man das Turnier mit einer K.O.-Runde der Punktbesten schließen.

3.3.2. Altersturniere

Modus und Spielsystem können beliebig gewählt werden; das K.O.-System wird nicht empfohlen. Aus gesundheitlichen Gründen sollten auch keine allzu langen Partien gespielt werden. Als Doppel kann nur starten, wer mit seinem Partner mindestens 90/100 oder - je nach Ausschreibung - mehr Jahre zusammenbringt.

3.3.3. Gewichtsturniere

Modus und Spielsystem wie bei 3.3.2.
Starten kann nur, wer mit seinem Partner mindestens 160/180 oder - je nach Ausschreibung - mehr Kilogramm auf die Waage bringt.

3.3.4. Berufsbezogene Turniere

Berufsgruppen- oder Betriebsturniere haben ihren eigenen Charakter. Man sollte diese Veranstaltungen unter dem Gesichtspunkt des Miteinanderspielen im "Schleiferlmodus" durchführen, wemm sie im eigenen Betrieb oder Berufsstand ausgeschrieben sind.

Werden dagegen Betriebe oder Berufsgruppen in Form einer Auswahl gegen andere gestellt, dann wird die Solidarität mit der eigenen Mannschaft oft größer sein als im Verein.

4. Kombinationsbewerbe

Kombinationsbewerde mit Tennis erfreuen sich zunehmender Beliebtheit. International durchgesetzt hat sich dabei die Ski-Tennis-Kombination.

4.1. 2er-Kombinationen

Die bekannteste Form ist die Ski-Tennis-Kombination, die als offizieller Wettbewerb gespielt wird. Andere Zweierkombinationnen lassen jeden Spielraum, z.B.:

"Cup mit Schläger- und Ballwahl" in Gruppen

Beim Cup mit Schlägerwahl werden entsprechend der Teilnehmerzahl Mannschaften gebildet oder gelost (z.B. vier Spieler = 2 Einzel ein Doppel) und der Verlierer des normalen Tennisspiels darf für die nächste Runde die "Waffen", d.h. die Schläger und/oder Bälle wählen, die zum Einsatz kommen sollen. Z.B. kann der Verlierer verlangen, daß die nächste Runde mit

- Softbällen,
- Kinderbällen,
- Holzbrettern,
- Zaunlatten,
- Hockeyschlägern,
- Bratpfannen u.ä.,
- mit einem Geschicklichkeitsspiel, wie Eierlauf, Sackhüpfen, Rückwärtslauf, Pfeil-, Dosen-, Korbballzielwerfen, Torwandschießen oder Dauer-Hoola-Hoop gespielt wird oder man spielt
- Fußtennis, Ball über die Schnur (Netz) oder Volleyball auf dem Tennisfeld (ohne Schläger) als Mannschaft gegeneinander.

Modus;

Die Mannschaften spielen entweder in Gruppen oder jede gegen jede. Wer die Revanche mit den selbstgewählten "Sportgeräten" verliert, bekommt keinen Punkt. Sieger ist die Mannschaft, die die meisten Punkte einspielen kann.
Es empfiehlt sich, die Form des Tennisturniers auf einen Satz zu beschränken; ebenso die Revanchespiele. Damit die Pausen einigermaßen gleich lang sind.

4.2. 3er- bzw. 4er-Kombinationen

3er-oder 4er-Kombinationen mit Tennis erfordern meist einen sehr großen Zeitaufwand, wenn Tennis in der üblichen Form (2 Gewinnsätze) gespielt wird. Man ist daher als Veranstalter meist gezwungen, auf eine der oben erwähnten Kurzturnierformen zurückzugreifen.

Ob der Bewerb als Einzel- oder Mannschaftskampf durchgeführt wird, hängt dabei von den gewählten Bereichen ab. Z.B. ein Tennis-Fußball-Schwimm-Wettkampf kann wegen Fußball nur als Mannschaftskampf abgewickelt werden.

Die bekanntesten Turnierformen sind die Kombinationen mit Tennis, Tischtennis, Badminton und Squash, Ski, Minigolf und Kegeln.
In Phantasie und Gestaltung der Kombinationen sind dem Organisator keine Grenzen gesetzt.

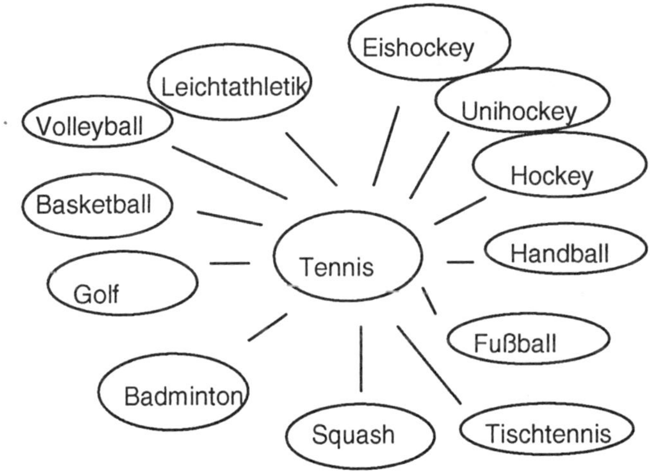

Abb.24: Tennis-Kombinationen

5. Tests

Die Leistung im Tennis objektiv zu erfassen, ist nahezu unmöglich. Bei den vielfältigen Leistungsvoraussetzungen, die Tennis erfordert, um es erfolgreich zu spielen, ist es nur in Teilbereichen möglich, objektive Ergebnisse über das Leistungsvermögen zu erhalten.
Taktische Verhaltensweisen unterliegen weitgehend automatisierten Spielsituationen und können meist nur in Nachbetrachtungen objektiviert werden.
Schlagkraft und -sicherheit lassen sich nur isoliert vom Gesamtkomplex des Spiels festhalten und vergleichen.

5.1. DTB-Tennissportabzeichen

Das von RENAULT gesponserte DTB-Tennissportabzeichen hat, vor allem im breitensportlichen Bereich, viele Anhänger gefunden. Für Freizeitspieler, aber auch für sportlich ambitionierte Tennisspieler hat es durch seine Punktetabellen eine deutliche Aussagekraft über das Spielvermögen.
Dabei werden je nach Altersklasse und erreichter Punktezahl Medaillen in Gold, Silber und Bronze vergeben. Die Unterlagen erhält man über die Verbandsgeschäftsstellen oder den Deutschen Tennisbund, Hallerstr.89, 2000 Hamburg 13.
Da die Übungen - mit wenigen Ausnahmen - mit der Ballmaschine zugespielt werden können, ist weitgehende Objektivierung der technischen Leistungsstärke möglich.

Aufgabe 1: Zuspiel aus der Hand.

Die Testperson spielt 10 mal den selbstangeworfenen Ball abwechselnd in die linke und rechte Hälfte des Grundlinienbereichs.
Punkte: 1 Punkt je Treffer, maximale Punktzahl: 10.

Modus: Die Testperson steht ca.1 Meter hiner der Grundlienie am Mittelzeichen.
Der Ball kann direkt aus der Hand oder nach einmaligem Aufspringen gespielt werden.

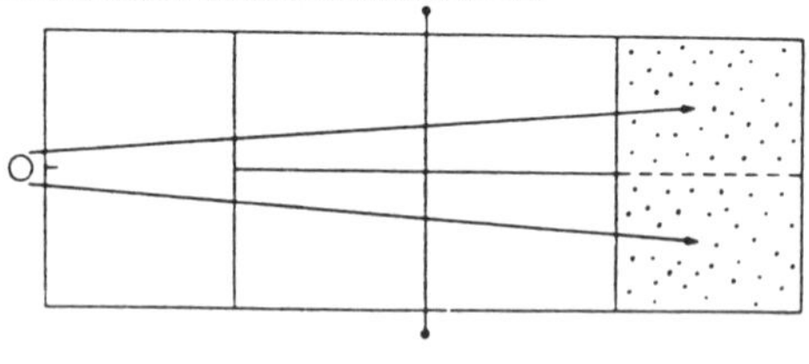

Abb.25: 1.Aufgabe des DTB-Tennissportabzeichens

Aufgabe 2: Grundschläge.

Die Übung besteht aus zwei Teilen:
a) 10 Grundschläge "longline", Vor- und Rückhand im Wechsel;
b) 10 Grundschläge "cross", Vor- und Rückhand im Wechsel.
Punkte: 1 Punkt je Treffer; maximale Punktzahl: 20.

Modus: Das Zuspiel erfolgt von der T-Linie wechselseitig auf Vor- und Rückhand, deutlich hinter die Aufschlaglinie.
Zielbereich ist jeweils die rechte/linke Hälfte des Feldes zwischen Aufschlag- und Grundlinie.

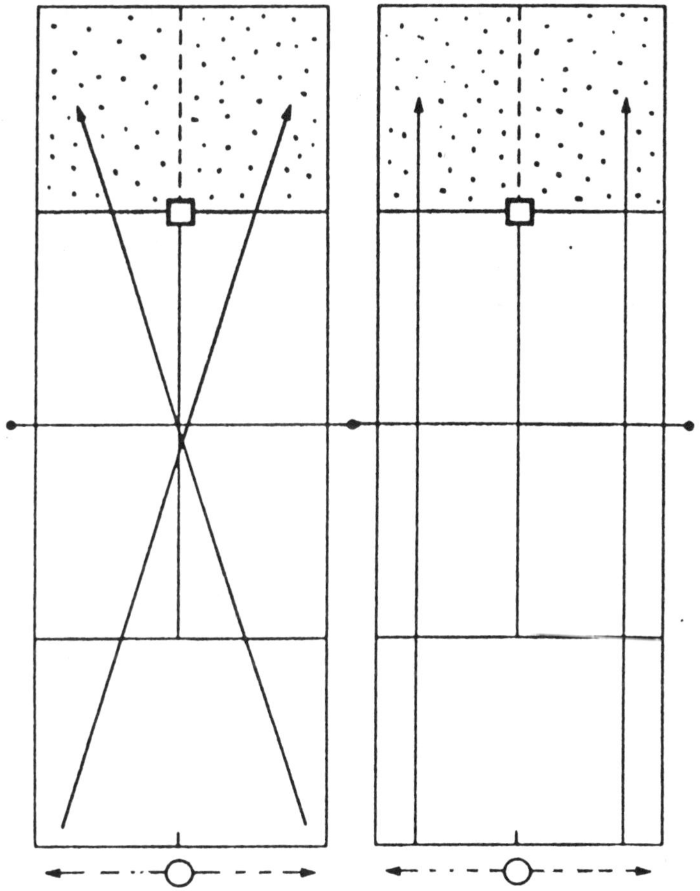

Abb.26: 2.Aufgabe des DTB-Tennissportabzeichens

Aufgabe 3: Flugbälle.

Die Übung besteht aus 2 Teilen:
a) 10 Flugbälle "longline" ins hintere Feld, Vor- und Rückhand im Wechsel;
b) 10 Flugbälle "cross" ins Aufschlagfeld, Vor- und Rückhand im Wechsel.
Punkte: 1 Punkt je Treffer; maximale Punktzahl: 20.

Modus: Das Zuspiel erfolgt von der Grundlinie, abwechselnd links-rechts.
Zielbereich ist bei den Longline-Volleys das Feld zwischen Aufschlag-, Grund- und der durchgezogenen Mittellinie; bei den Cross-Volleys das Aufschlagfeld.

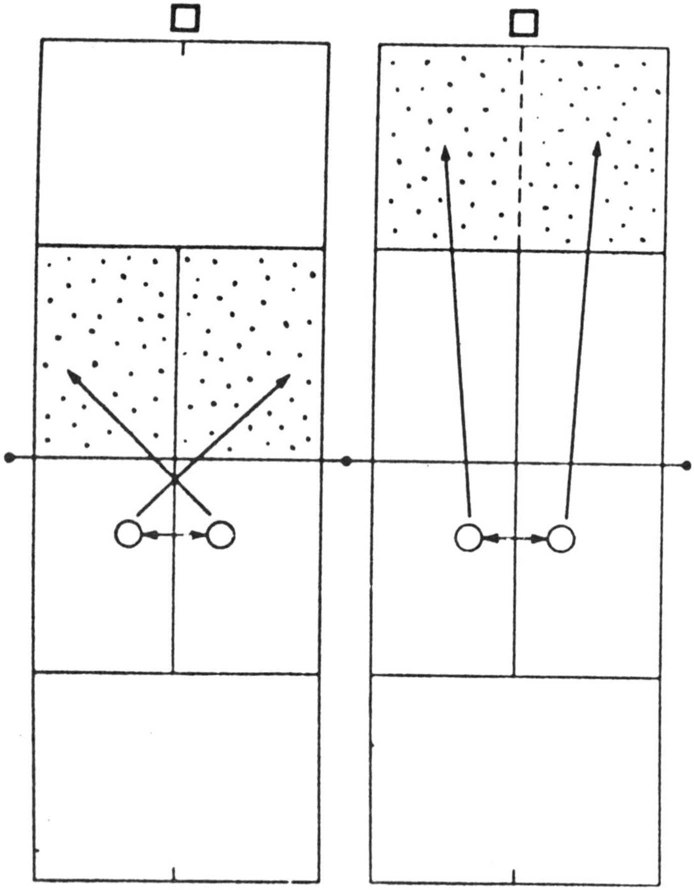

Abb.27: 3.Aufgabe des DTB-Tennissportabzeichens

Aufgabe 4: Schmetterschläge

10 Schmetterschläge werden abwechselnd in die linke und rechte Spielfeldhälfte geschlagen.
Punkte: 1 Punkt je Treffer; maximale Punktzahl: 10.

Modus: Das Zuspiel von der Grundlinie muß gewährleisten, daß der Ball in einem Bereich von ca.3-6 Metern hinter dem Netz "über Kopf" gespielt werden kann.
Der Schlag muß durchgeschwungen werden und darf nicht nur blockiert werden.

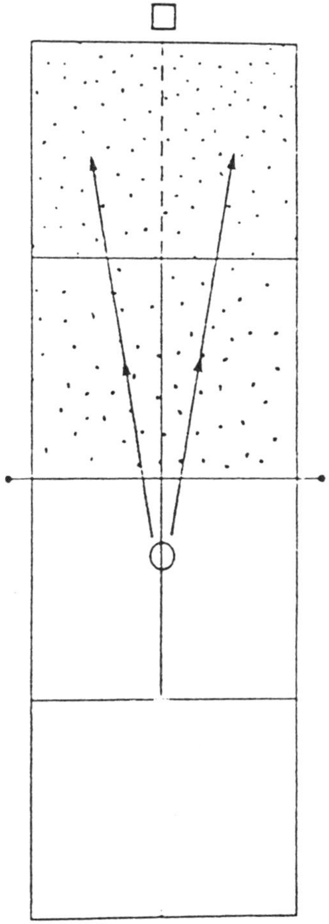

Abb.28: 4.Aufgabe des DTB-Tennissportabzeichens

Aufgabe 5: Lobs

Vorhand- und Rückhandlobs werden abwechselnd ins hintere Feld geschlagen.
Punkte: 1 Punkt je Treffer; maximale Punktzahl: 10.

Modus: Der Zuspieler steht drei Meter vor dem Netz. Das Zuspiel erfolgt wechselseitig auf Vor- und Rückhand an die Grundlinie. Zielbereich ist für die Testperson der Bereich zwischen Aufschlag- und Grundlinie; dabei muß der Ball den hochgehaltenen Schläger des Zuspielers überfliegen.

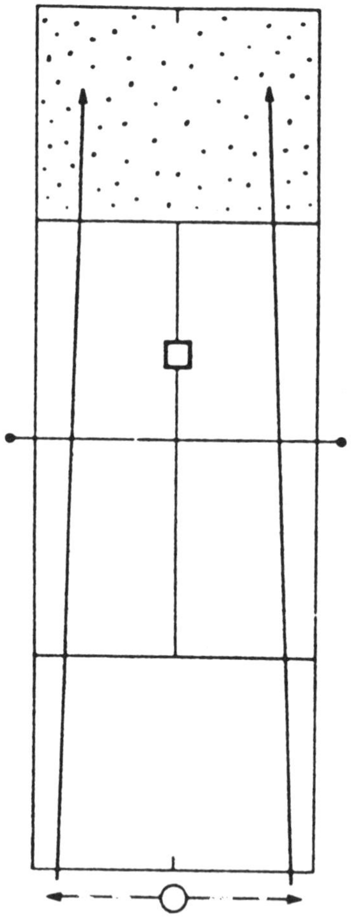

Abb.29: 5.Aufgabe des DTB-Tennissportabzeichens

Aufgabe 6: Aufschläge

10 Aufschläge müssen von oben ausgeführt werden.
Punkte: 1 Punkt je Treffer; maximale Punktzahl: 10.

Modus: Die Aufschläge müssen - je 5 von der rechten und linken Seite - von oben geschlagen werden. Dabei zählt jeder Versuch (nicht 2 Versuche je Aufschlag!).

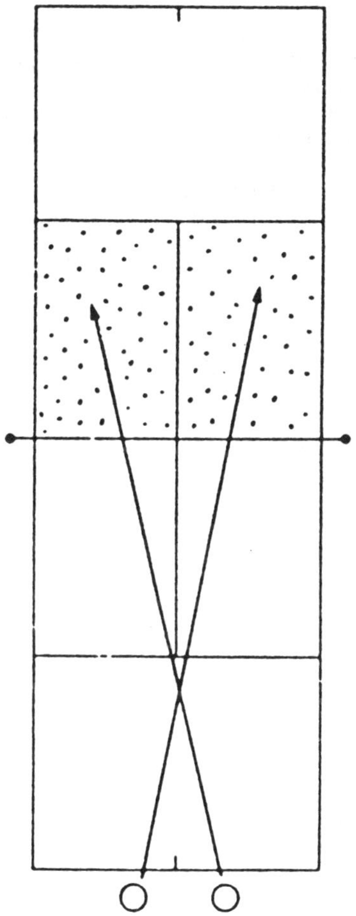

Abb.30: 6.Aufgabe des DTB-Tennissportabzeichens

Aufgabe 7: Ballhalten

Innerhalb von 90 Sekunden muß die Testperson den Ball regelgerecht über das Netz ins Feld zurückspielen. Das Zuspiel erfolgt wechselseitig auf Vor- und Rückhand in den Grundlinienbereich.
Der Testperson stehen dabei maximal 3 Bälle zur Verfügung.
Punkte: 1 Punkt je Treffer; maximale Punktzahl: 20.

Modus: Ein Versuch ist beendet, wenn die Testperson den Ball verschlägt, d.h. nicht nicht regelgerecht ins Einzel-Spielfeld des Zuspielers zurückspielen kann.
Die Punkte müssen wieder von Anfang an gezählt werden.
Erreicht die Testperson vor Ablauf der Zeit (90 sekunden) 20 Treffer, so ist damit die Maximalpunktzahl erreicht.
Verschlägt der Zuspieler, so bringt er unverzüglich einen neuen Ball ins Spiel. Die Punkte werden dabei weiter gezählt.

Anmerkung: Das DTB-Tennissportabzeichen kann auch im Zuspiel durch eine Ballmaschine ersetzt werden. Ausnahmen: Übungen 5.1.1. und 5.1.6..

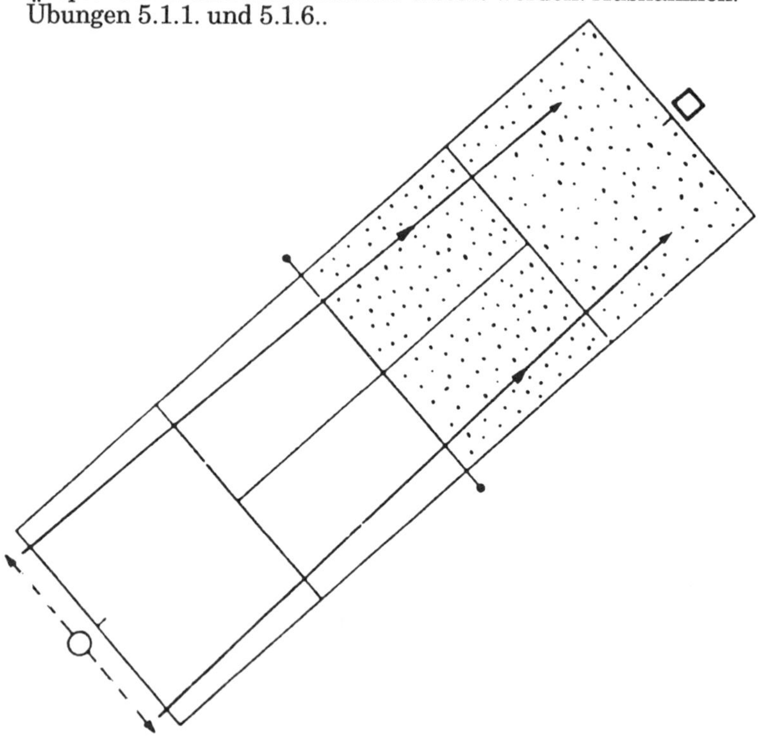

Abb.31: 7.Aufgabe des DTB-Tennissportabzeichens

5.2. Der Tennis-Zehnkampf

Der Tenniszehnkampf kann sowohl als Leistungstest als auch als Wettkampf gegeneinander durchgeführt werden. Durch die verschiedenen Aufgabenstellungen erhält der Spieler u.a. auch Aufschluß darüber, wo seine Hauptdefizite technischer oder taktischer Art liegen.
Gespielt werden immer nur 10 Punkte bzw. 10 Bälle nach Tennisregeln, mit der Einschränkung, daß immer derjenige, der den Ballwechsel verliert, bestimmen darf, wer aufschlagen soll. Gespielt wird gegeneinander, soweit nicht besonders angegeben mit normalem Aufschlag von oben. Das Spiel erfolgt:

5.2.1. aufs Aufschlagfeld mit Aufschlag von unten;
dabei kann der Aufschlag sowohl von der Grund- als auch von der Aufschlaglinie gemacht werden.

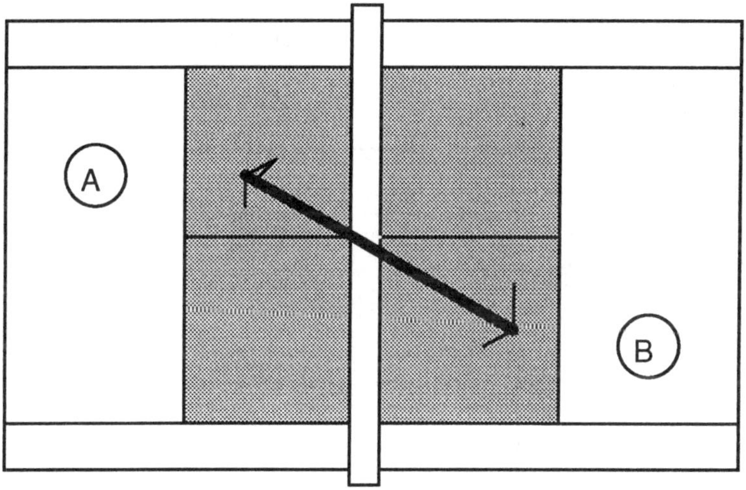

Abb.32: Spiel aufs Aufschlagfeld

5.2.2. aufs hintere Feld.

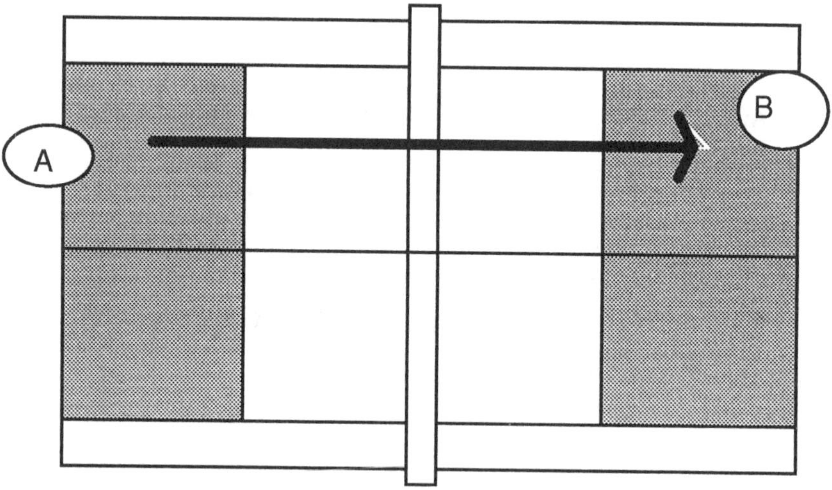

Abb.33: Spiel aufs hintere Feld

5.2.3. aufs halbe Einzelfeld nur mit der Rückhand.

5.2.4. aufs halbe Einzelfeld nur mit der Vorhand.

5.2.5. aufs Einzelfeld mit der Nicht-Schlaghand.

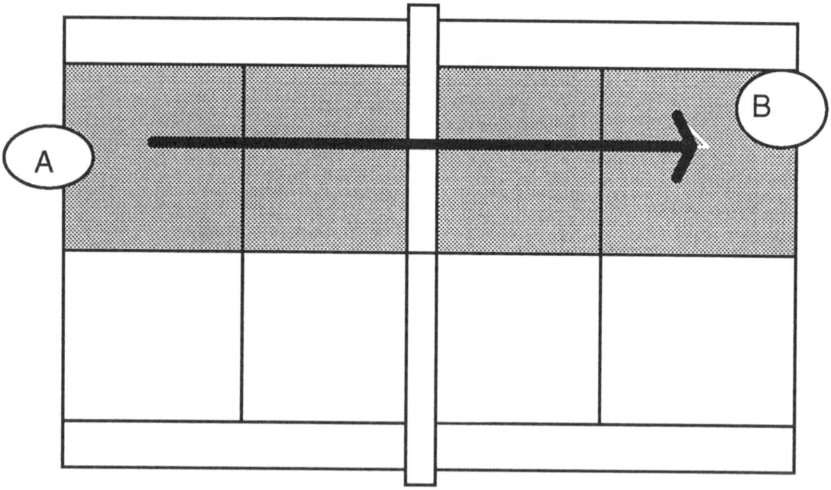

Abb.34: Spiel aufs halbe Einzelfeld

5.2.6."Stop-Lob-Spiel",
d.h., der Aufschläger muß den Ball immer ins Aufschlagfeld, der Rückschläger immer ins hintere Feld spielen.

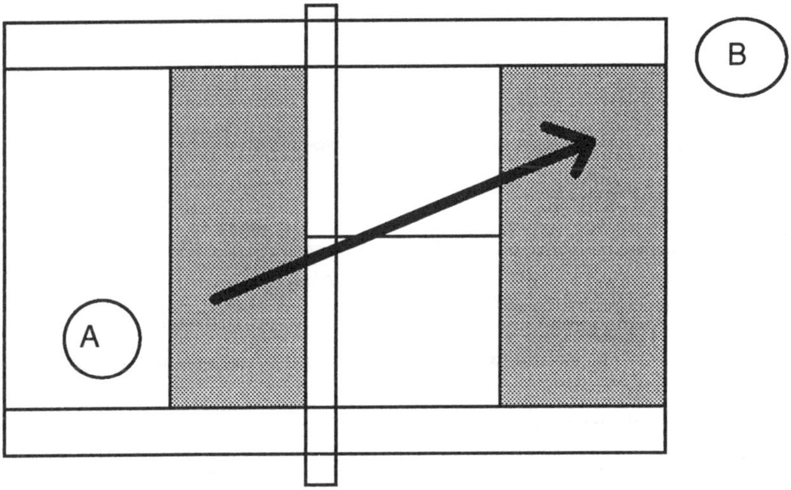

Abb.35: Stop-Lob-Spiel

5.2.7. "Lob-Schmetterschlag-Spiel" aufs Einzelfeld,
dabei erfolgt der Aufschlag von unten als Lob (ins gesamte Einzelfeld). Nach dem "Lob-Aufschlag" muß'der Ball geschmettert werden; direkt, aus dem Sprung oder nach Aufsprung des Balles. Nach dem ersten Schmetterschlag - es darf kein Stop gespielt werden! - ist der weitere Ballwechsel frei bis zur Entscheidung.

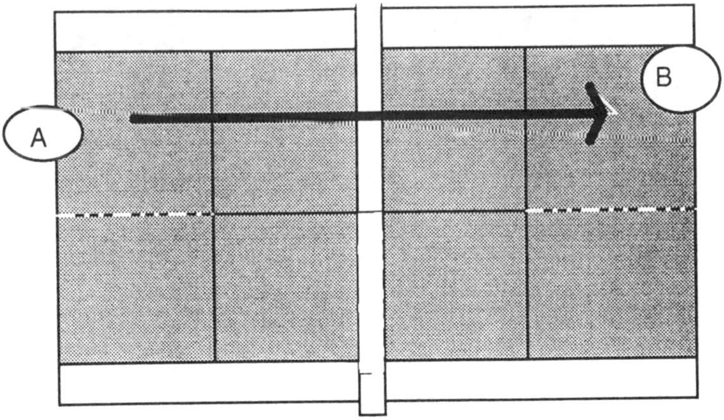

Abb.36: Lob-Schmetterschlag-Spiel

5.2.8. als Longline-Cross-Spiel (Briefkuvert),
dabei spielt der Aufschläger immer cross, der Rückschläger immer longline. Die Mittellinie wird durchgezogen.

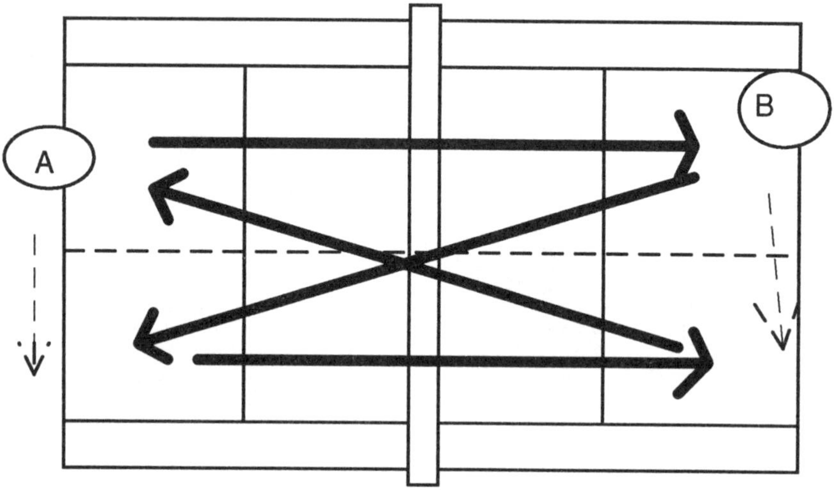

5.2.9. als Volley- bzw.Halfvolleyspiel aufs halbe Einzelfeld,
dabei darf kein Lob gespielt werden. Beide Spieler müssen nach dem ersten Ballkontakt mindestens bis ins Aufschlagfeld aufrücken.

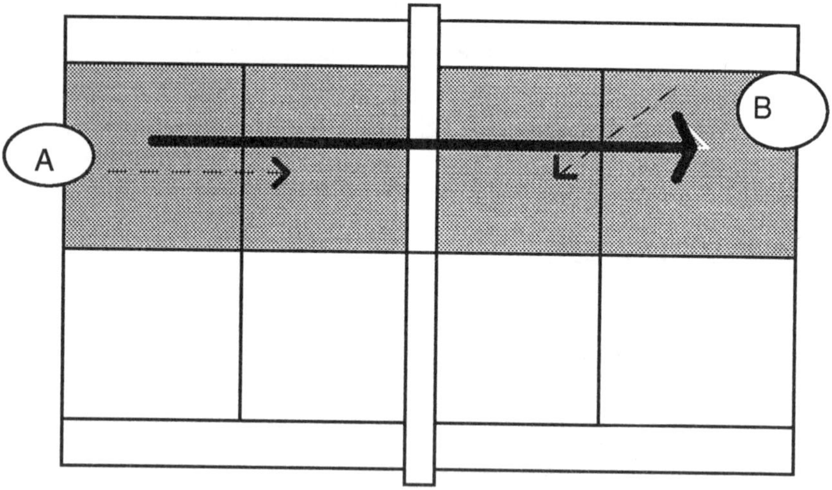

Abb.38: Das Volley- oder Halfvolley-Spiel

5.2.10. im Doppelstreifen mit Aufschlag von unten (bis hinter zur Grundlinie des Doppelstreifens).

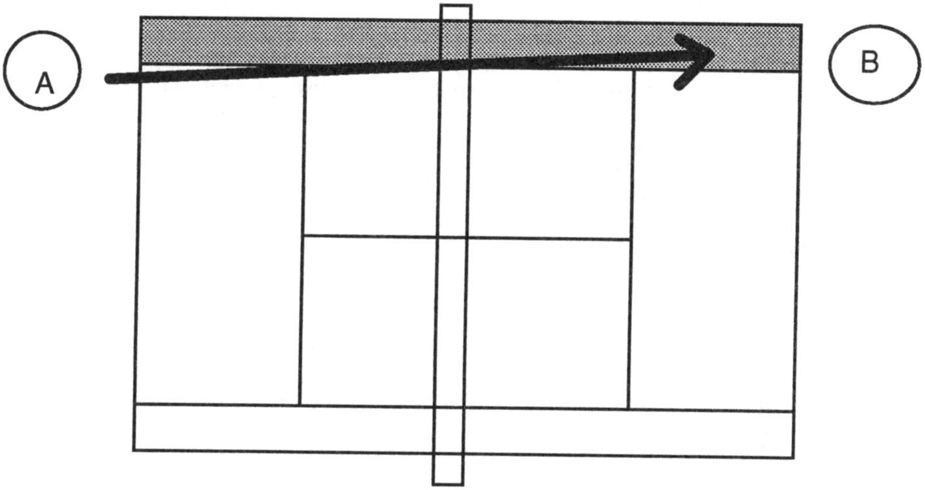

Abb.39: Das Spiel im Doppelstreifen

Variante:

Der Tennis-Zehnkampf kann auch als Zieltest mit der Ballmaschine oder mit Zuspieler auf die festgelegten Zielfelder gespielt werden!

Anhang

I "Gongturnier" nach Karl Geisel 1992

Das von Karl Geisel, Siemens TC München, kreierte Turnier zeichnet sich durch einen strengen Organisationsrahmen aus. Obgleich Partner und Partien zusammengelost werden, ist bei jeder Partie von Anfang an klar ersichtlich und schriftlich durch Karten festgehalten, wer wo, wann und mit wem spielt.
Das nachfolgend beschriebene "Gongturnier" hat, nach Geisel, einen auch gesellschaftlich hohen Stellenwert, da alle Spieler bis zum Ende des Turniers eingebunden sind. Die Spielerzahl sollte nicht unter 24 liegen.

Modus:

"Gespielt wird in zwei Gruppen - immer Mixed.
Also pro Platz 2x2 Herren und 2x2 Damen.
Es können z.B. auf einer Anlage mit 6 Plätzen max. 24 Damen und 24 Herren spielen".
Nachfolgend gehen wir z.B. von einer Platzkapazität von 6 Plätzen aus.

Alle Teilnehmer erhalten in numerischer Reihenfolge eine persönliche Spielerkarte mit Namen und Spielerreihenfolge

Herren	1-24	1.Gruppe	Herren	25-48	2.Gruppe
Damen	1-24	1.Gruppe	Damen	25-48	2.Gruppe

Die Turnierleitung muß über die Ausgabe der Teilnehmerkarten, auf der Name, Teilnehmer-Nummer. und Gruppe verzeichnet sind, buchführen.
Um die Teilnehmer zusammenzulosen, gibt es für jeden Platz zwei verschiedenfarbige Platzkarten, z.B.: 2 rosa Karten (Damen), Platz 1 Nordseite, Platz 1 Südseite, und bei Herren (blaue Karten) Platz 1 Nordseite, Platz 1 Südseite.
Bei Beginn des Turniers läßt die Turnierleitung die Damen und Herren der ersten Gruppe (1-24) Platzkarten ziehen.
Die Damen ziehen die rosanen, die Herren die blauen Platzkarten.
Die Spieler begeben sich auf ihre Platzposition und sehen erst dort, mit wem und gegen wen sie spielen sollen.
Während einer kurzen Einpielzeit von 3 Minuten sammelt die Turnierleitung die Platzkarten ein und konrolliert, ob alle 12 rosanen und blauen Karten vorhanden sind.
Durch ein akustisches Signal (Gong) beginnt das Turnier.
Aufschlag hat immer die "Dame Süd".
Die Spielleiter nehmen genau die Zeit, da zwischen der ersten und zweiten Gruppe absolute Gleichheit der Spielzeit sein soll.

Im allgemeinen läßt man 20-25 Minuten spielen.
Es wird kein Satz gezählt, sondern nur fortlaufende Spiele!
Während der gesamten Spielzeit bleibt jeder Spieler auf seiner gelosten Platzhälfte (kein Wechsel!).
Während die erste Gruppe spielt, läßt die Turnierleitung die Damen und Herren der zweiten Gruppe Platzkarten ziehen.
Wird nach 20 Minuten abgeläutet, tragen die Spieler nur die Anzahl der gewonnenen Spiele in ihre Teilnehmerkarte ein.

Da abwechselnd immer wieder die Pausen von 20-25 Minuten entstehen, haben alle Teilnehmer Zeit sich auszuruhen, zu unterhalten und zu erfrischen. Es wird niemand überfordert.

Nach dem letzten Durchgang der zweiten Gruppe werden alle Karten eingesammelt und ausgewertet.
Die Wertung für Damen und Herren erfolgt getrennt nach Anzahl der gewonnenen Spiele.

Da niemand - mit Ausnahme der Turnierleitung - das Endergebnis kennt, wird die abschließende Siegerehrung nicht nur spannend, sondern ganz sicher auch ein Fest für alle.

II Schleifchenturnier nach Arnulf Eckert

Sponsoren	Sponsoren	Sponsoren
DTB	DTB	DTB

****

Schleifchenturnier

für alle

am ______________________________

um _________ Uhr

auf der Tennisanlage

____

****

Sponsoren	Sponsoren	Sponsoren
DTB	DTB	DTB

Merkzettel für die Turnierleitung

1. Plakat: 2 Wochen vorher aushängen

   Ausschreibung: aushängen und wenn möglich vervielfältigen und als Rundschreiben verschicken

   Artikel an örtliche Presse verschicken

2. Bälle zeichnen und auf die Plätze verteilen

3. Schleifchen und Schreibstifte auf Plätze verteilen.

4. Begrüßungsschluck vorbereiten

5. Fotoapparat bereithalten.

   Festlegen, wer den Pressebericht schreibt.

6. Spielmodus erläutern:

   Wenn mehr als das Vierfache der Platzanzahl an Teilnehmern mitspielen, sollten Sie fiktiv von mehr Plätzen ausgehen und immer abwechselnd die 1. und 2. Belegung der Plätze spielen lassen. Andernfalls wissen Sie nicht, wer vom letzten zum 1. Platz in die 2. Runde wechselt. Eventuell müssen Sie die Spielzeit von 20 Minuten auf 15 Minuten abkürzen oder jeden Teilnehmer eine Runde weniger spielen lassen.

Teilnehmerliste

Ich werde am ___________ um ___________ Uhr am Schleifchenturnier

teilnehmen. Das Nenngeld in Höhe von DM _____ / Jugend DM _____

bezahle ich vor Turnierbeginn an die Turnierleitung.

1.
2.
3.
4.
5.
6.
7.
8.
9.
10.
11.

.
.
.
.
.
.
.
.
.
.
.

Liebe Clubmitglieder, liebe Freundinnen und Freunde des geselligen Tennissports,

es freut mich, daß ich Ihnen die Möglichkeit bieten kann, mit mir einen sportlichen und geselligen Tag auf unserer Tennisanlage zu verbringen, an dem Sie neue Tennisfreunde kennenlernen können.

Am ________________ findet das Schleifchenturnier, ein Turnier für alle, statt. Mitspielen können sowohl Tennisspielerinnen und Tennisspieler, die Turniere spielen, als auch diejenigen, die gerade erst mit dem Tennisspielen begonnen haben. Auch Gäste dürfen teilnehmen.

Wenn Sie pünktlich um ________ Uhr auf der Anlage sind, können wir nach einem Begrüßungsschluck, ein paar erläuternden Worten über den Spielmodus und der Auslosung mit dem Turnier beginnen.

Es werden Mixed und gegebenenfalls Doppel gespielt. Stärkere Spieler (mit rotem Zettel) und nicht so starke Spieler (mit blauem Zettel) werden zusammengelost. Nach kurzer Einspielzeit werden dann 20 Minuten gespielt. Die am Ende führenden Spieler/innen erhalten ein Schleifchen. Alle Spieler/innen notieren auf Ihrem Teilnehmerzettel das Ergebnis. Die Gewinner/innen gehen zusammen auf den nächsten Platz und spielen gegeneinander. Die Verlierer/innen bleiben auf dem Platz und trennen sich. Beim Wechsel ist darauf zu achten, daß wieder Spieler/innen mit blauem und rotem Zettel zusammenkommen. Es scheidet niemand aus. Nach 5 Runden - bei großer Teilnehmerzahl muß gegebenenfalls zwischendurch eine Pause eingelegt werden, um den anderen Teilnehmer/innen Spielgelegenheit zu geben - stehen die Sieger/innen und Plazierten fest.

Es wird interessante Preise geben, die von den Firmen __________ ____________________________________ gestiftet wurden. Die genannten Firmen und der Deutsche Tennis Bund e.V. begrüßen die Förderung des Breitensports mit diesem Turnier und den tollen ausgesetzten Preisen. Bitte tragen Sie sich, wenn möglich in die Teilnehmerliste auf der Tennisanlage ein oder senden Sie die beiliegende Anmeldekarte bis Donnerstag, den ______________ an den TC____________________________/die TA __________________, damit ich einen Überblick über die zu erwartende Teilnehmerzahl bekomme. Das Nenngeld für dieses Turnier beträgt DM __________ . Besonders nett wäre es, wenn Sie ebenfalls einen Preis für das Turnier stiften würden.

Nach der Siegerehrung, die ca. um _______ Uhr stattfinden wird, möchte ich mit Ihnen noch einen gemütlichen Abend verbringen.

Die Firmen ____ und der Deutsche Tennis Bund e.V. wünschen Ihnen viel Spaß beim Schleifchenturnier.

Der Breitensportwart

P.S. Die Plätze bleiben an diesem Tag bis ca. 18.00 Uhr für das Schleifchenturnier reserviert.

Im "Paket" sollte enthalten sein:

- **Postkarte für das Rundschreiben**

- **Pfeife**

- **Stoppuhr**

- **Oberschiedsrichterhut als Lostrommel**

Auslosung

Platz 1	Nr.	Nr.	Nr.	Nr.
Platz 2	Nr.	Nr.	Nr.	Nr.
Platz 3	Nr.	Nr.	Nr.	Nr.
Platz 4	Nr.	Nr.	Nr.	Nr.
Platz 5	Nr.	Nr.	Nr.	Nr.
Platz 6	Nr.	Nr.	Nr.	Nr.
Platz 7	Nr.	Nr.	Nr.	Nr.
Platz 8	Nr.	Nr.	Nr.	Nr.
Platz 9	Nr.	Nr.	Nr.	Nr.
Platz 10	Nr.	Nr.	Nr.	Nr.

Name: Nummer:

	Platz	Nr./Nr.	Nr./Nr.	Ergebnis	Punkte bei * Spielgleichstand
1.Runde				:	
2.Runde				:	
3.Runde				:	
4.Runde				:	
5.Runde				:	
6.Runde				:	
	Summe der Siege			:	
	Differenz der Spiele			:	

* Beim Signal wird der Punkt zu Ende gespielt. Bei Spiel- und Punktgleichheit ist Sieger, wer den letzten Punkt gewonnen hat.

(rote Postkarte)

Name: Nummer:

	Platz	Nr./Nr.	Nr./Nr.	Ergebnis	Punkte bei * Spielgleichstand
1.Runde				:	
2.Runde				:	
3.Runde				:	
4.Runde				:	
5.Runde				:	
6.Runde				:	
	Summe der Siege			:	
	Differenz der Spiele			:	

* Beim Signal wird der Punkt zu Ende gespielt. Bei Spiel- und Punktgleichheit ist Sieger, wer den letzten Punkt gewonnen hat.

(blaue Postkarte)

III Freundschaftsspiel nach Joachim Lutz

Nicht selten verabreden sich Vereine zu einem Freundschaftsspiel. Das Hauptproblem, einen "Club im Club" zu verhindern, hängt immer von der Anzahl der belegten und für die anderen Clubmitglieder damit gesperrten Plätze ab.

Hier wurde von Joachim Lutz (Stuttgart) eine Turnierform entwickelt, die weder allzu Platz noch Zeit erfordert. Gleichzeitig ist die Spielstärke (Rangliste) der Teilnehmer berücksichtigt. Dadurch werden immer ausgeglichene und spannende Spiele garantiert.
Es sollten mindestens 3, maximal 4 Plätze zur Verfügung stehen.

Modus:

Jede Mannschaft tritt mit je 6 Spielerinnen bzw. Spielern, aufgestellt nach der Rangliste, an. Gespielt werden Doppel. Gespielt wird auf Zeit, je eine halbe Stunde/Spiel. Die Gesamtdauer der Begegnung beträgt bei drei Plätzen 4 Stunden, bei 4 Plätzen 3 Stunden.
Jede Spielerin bzw. jeder Spieler ist 4 x 30 Minuten im Einsatz. Alle Spielerinnen und Spieler kommen nach dem festgelegten System (vgl.Spielplan)viermal mit unterschiedlichen Partnerinnen/Partnern der Gegenmannschaft, gegen unterschiedlich gemischte Gegner, zum Einsatz.
Die ersten zwei Spiele werden als Herren- bzw. Damendoppel, das dritte und vierte Spiel als Mixed gespielt.

Die einzelnen Spielrunden werden auf allen Plätzen nach kurzer Einspielzeit zur gleichen Zeit angepfiffen. Zuvor sollten Aufschlag- und Platzwahl vorgenommen worden sein. Die gewonnenen Spiele werden fortlaufend - auch über 6 hinaus - gezählt. Das Spielende wird durch Signalton (Pfeife, Trompete u.a.m.) beendet. Nicht beendete Spiele beim Abpfiff zählen nicht!
Die Ergebnisse werden von der Turnierleitung gesammelt. Sieger ist, getrennt nach Damen und Herren, wer die meisten Spiele gewonnen hat.
Somit bleibt das Freundschaftsspiel bis zum letzten Ballwechsel bzw. Abpfiff spannend und verspricht auch nach den Spielen eine interessant Begegnung zu werden..

Bei drei Plätzen und einer Gesamtspieldauer von 4 Stunden bleibt den Teilnehmern genügend Zeit zur Erholung und Kommunikation.

Spielplan für 4 Plätze:

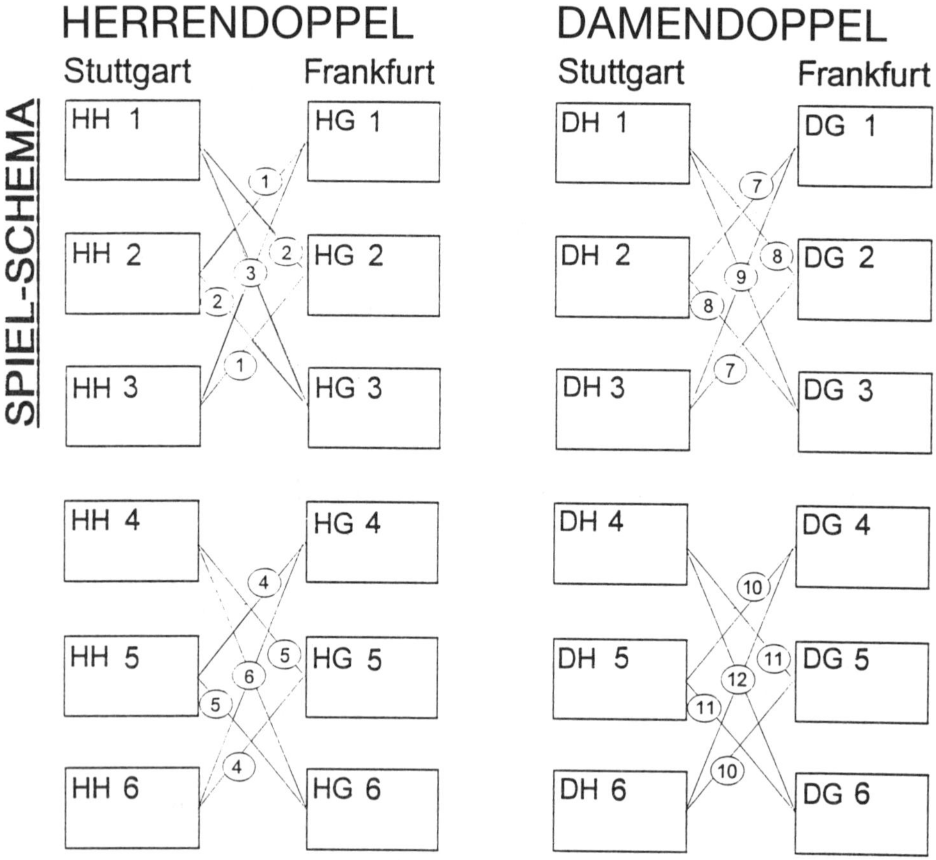

Spielrunde	Uhrzeit	Platz 1	Platz 2	Platz 3	Platz 4
A	00.00 - 00.00	(1) HH2/HG1 : HH3/HG2	(4) HH5/HG4 : HH6/HG5	(7) DH2/DG1 : DH3/DG2	(10) DH5/DG4 : DH6/DG5
B	00.00 - 00.00	(2) HH1/HG2 : HH2/HG3	(5) HH4/HG5 : HH5/HG6	(8) DH1/DG2 : DH2/DG3	(11) DH4/DG5 : DH5/DG6
C	00.00 - 00.00	(3) HH1/HG3 : HH3/HG1	(6) HH4/HG6 : HH6/HG4	(9) DH1/DG3 : DH3/DG1	(12) DH4/DG6 : DH6/DG4

HH - Herren Heim　　DG - Damen Gast
HG - Herren Gast　　DH - Damen Heim

(1) - Paarung / Gleiche Paarungen sind Gegner
4 - Rangfolge in der Mannschaft

SPIEL-SCHEMA

MIXED

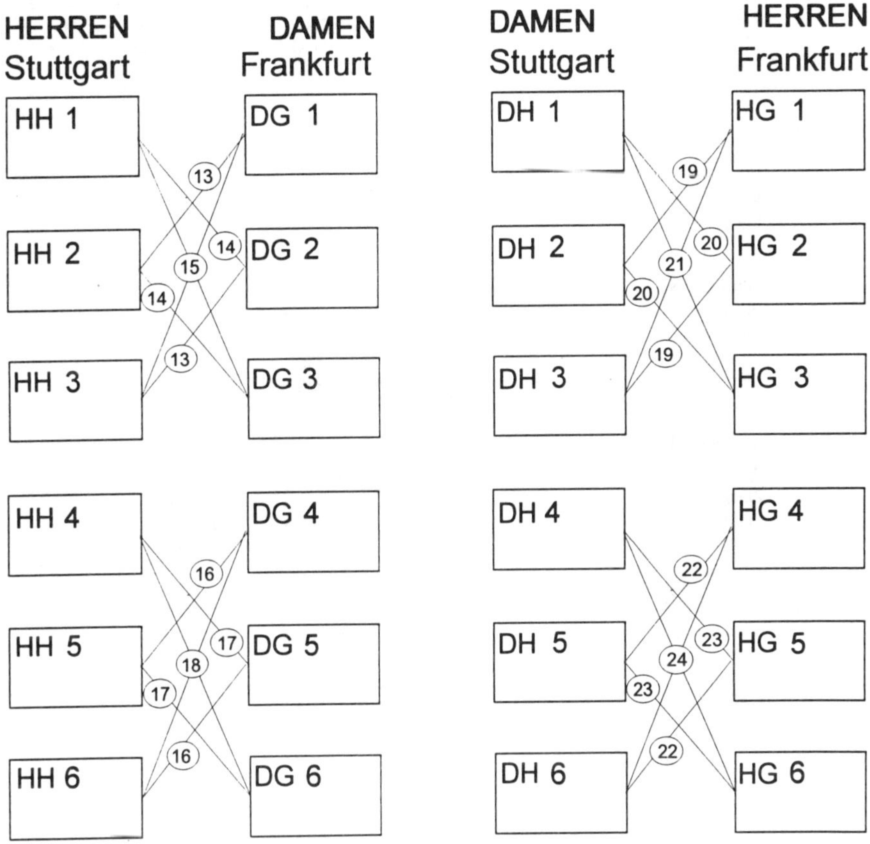

Spielrunde	Uhrzeit	Platz 1	Platz 2	Platz 3	Platz 4
D	00.00 - 00.00	(13) HH2/DG1 : HH3/DG2	(16) HH5/DG4 : HH6/DG5	(19) DH2/HG1 : DH3/HG2	(22) DH5/HG4 : DH6/HG5
E	00.00 - 00.00	(14) HH1/DG2 : HH2/DG3	(17) HH4/DG5 : HH5/DG6	(20) DH1/HG2 : DH2/HG3	(23) DH4/HG5 : DH5/HG6
F	00.00 - 00.00	(15) HH1/DG3 : HH3/DG1	(18) HH4/DG6 : HH6/DG4	(21) DH1/HG3 : DH3/HG1	(24) DH4/HG6 : DH6/HG4

HH - Herren Heim
HG - Herren Gast
DG - Damen Gast
DH - Damen Heim
(24) - Paarung / Gleiche Paarungen sind Gegner
5 - Rangfolge in der Mannschaft

SPIELPAARUNGEN

SPIELRUNDE A

Platz 1	HH 2 / HG 1	-	HH 3 / HG 2
Platz 2	HH 5 / HG 4	-	HH 6 / HG 5
Platz 3	DH 2 / DG 1	-	DH 3 / DG 2
Platz 4	DH 5 / DG 4	-	DH 6 / DG 5

SPIELRUNDE B

Platz 1	HH 1 / HG 2	-	HH 2 / HG 3
Platz 2	HH 4 / HG 5	-	HH 5 / HG 6
Platz 3	DH 1 / DG 2	-	DH 2 / DG 3
Platz 4	DH 4 / DG 5		DH 5 / DG 6

SPIELRUNDE C

Platz 1	HH 1 / HG 3	-	HH 3 / HG 1
Platz 2	HH 4 / HG 6	-	HH 6 / HG 4
Platz 3	DH 1 / DG 3	-	DH 3 / DG 1
Platz 4	DH 4 / DG 6	-	DH 6 / DG 4

SPIELRUNDE D

Platz 1	HH 2 / DG 1	-	HH 3 / DG 2
Platz 2	HH 5 / DG 4	-	HH 6 / DG 5
Platz 3	DH 2 / HG 1	-	DH 3 / HG 2
Platz 4	DH 5 / HG 4	-	DH 6 / HG 5

SPIELRUNDE E

Platz 1	HH 1 / DG 2	-	HH 2 / DG 3
Platz 2	HH 4 / DG 5	-	HH 5 / DG 6
Platz 3	DH 1 / HG 2	-	DH 2 / HG 3
Platz 4	DH 4 / HG 5	-	DH 5 / HG 6

SPIELRUNDE F

Platz 1	HH 1 / DG 3	-	HH 3 / DG 1
Platz 2	HH 4 / DG 6	-	HH 6 / DG 4
Platz 3	DH 1 / HG 3	-	DH 3 / HG 1
Platz 4	DH 4 / HG 6	-	DH 6 / HG 4

HEIMMANNSCHAFTEN	GASTMANNSCHAFTEN
Herren	**Herren**
HH 1	HG 1
HH 2	HG 2
HH 3	HG 3
HH 4	HG 4
HH 5	HG 5
HH 6	HG 6
Damen	**Damen**
DH 1	DG 1
DH 2	DG 2
DH 3	DG 3
DH 4	DG 4
DH 5	DG 5
DH 6	DG 6

Spielplan für 3 Plätze

SPIELRUNDE **A**

Platz 10	DH 2 / DG 1 - DH 3 / DG 2
Platz 11	HH 5 / HG 4 - HH 6 / HG 5
Platz 12	HH 2 / HG 1 - HH 3 / HG 2

SPIELRUNDE **B**

Platz 10	HH 1 / HG 2 - HH 2 / HG 3
Platz 11	DH 1 / DG 2 - DH 2 / DG 3
Platz 12	DH 5 / DG 4 - DH 6 / DG 5

SPIELRUNDE **C**

Platz 10	DH 4 / DG 5 - DH 5 / DG 6
Platz 11	HH 1 / HG 3 - HH 3 / HG 1
Platz 12	HH 4 / HG 5 - HH 5 / HG 6

SPIELRUNDE **D**

Platz 10	HH 4 / HG 6 - HH 6 / HG 4
Platz 11	DH 6 / DG 4 - DH 4 / DG 6
Platz 12	DH 3 / DG 1 - DH 1 / DG 3

SPIELRUNDE **E**

Platz 10	DH 2 / HG 1 - DH 3 / HG 2
Platz 11	HH 5 / DG 4 - HH 6 / DG 5
Platz 12	HH 2 / DG 1 - HH 3 / DG 2

SPIELRUNDE **F**

Platz 10	HH 1 / DG 2 - HH 2 / DG 3
Platz 11	DH 1 / HG 2 - DH 2 / HG 3
Platz 12	DH 5 / HG 4 - DH 6 / HG 5

SPIELRUNDE **G**

Platz 10	DH 4 / HG 5 - DH 5 / HG 6
Platz 11	HH 3 / DG 1 - HH 1 / DG 3
Platz 12	HH 4 / DG 5 - HH 5 / DG 6

SPIELRUNDE **H**

Platz 10	HH 6 / DG 4 - HH 4 / DG 6
Platz 11	DH 6 / HG 4 - DH 4 / HG 6
Platz 12	DH 3 / HG 1 - DH 1 / HG 3

Spielrunde A - 18.00 Uhr
Spielrunde B - 18.30 Uhr
Spielrunde C - 19.00 Uhr
Spielrunde D - 19.30 Uhr

Spielrunde E - 20.00 Uhr
Spielrunde F - 20.30 Uhr
Spielrunde G - 21.00 Uhr
Spielrunde H - 21.30 Uhr

AUSWERTUNG (gew. Spiele = je 1 Punkt)

HEIMMANNSCHAFTEN	Spielrunde A				Spielrunde B				Spielrunde C				Spielrunde D				Spielrunde E				Zwisch.	Spielrunde F				End -	
Herren	Pl. 1	Pl. 2	Pl. 3	Pl. 4	Pl. 1	Pl. 2	Pl. 3	Pl. 4	Pl. 1	Pl. 2	Pl. 3	Pl. 4	Pl. 1	Pl. 2	Pl. 3	Pl. 4	Pl. 1	Pl. 2	Pl. 3	Pl. 4	Summe	Pl. 1	Pl. 2	Pl. 3	Pl. 4	Summe	Platz
HH 1																											
HH 2																											
HH 3																											
HH 4																											
HH 5																											
HH 6																											
Damen	Pl. 1	Pl. 2	Pl. 3	Pl. 4	Pl. 1	Pl. 2	Pl. 3	Pl. 4	Pl. 1	Pl. 2	Pl. 3	Pl. 4	Pl. 1	Pl. 2	Pl. 3	Pl. 4	Pl. 1	Pl. 2	Pl. 3	Pl. 4		Pl. 1	Pl. 2	Pl. 3	Pl. 4		
DH 1																											
DH 2																											
DH 3																											
DH 4																											
DH 5																											
DH 6																											
GASTMANNSCHAFTEN	Spielrunde A				Spielrunde B				Spielrunde C				Spielrunde D				Spielrunde E				Zwisch.	Spielrunde F				End -	
Herren	Pl. 1	Pl. 2	Pl. 3	Pl. 4	Pl. 1	Pl. 2	Pl. 3	Pl. 4	Pl. 1	Pl. 2	Pl. 3	Pl. 4	Pl. 1	Pl. 2	Pl. 3	Pl. 4	Pl. 1	Pl. 2	Pl. 3	Pl. 4	Summe	Pl. 1	Pl. 2	Pl. 3	Pl. 4	Summe	
HG 1																											
HG 2																											
HG 3																											
HG 4																											
HG 5																											
HG 6																											
Damen	Pl. 1	Pl. 2	Pl. 3	Pl. 4	Pl. 1	Pl. 2	Pl. 3	Pl. 4	Pl. 1	Pl. 2	Pl. 3	Pl. 4	Pl. 1	Pl. 2	Pl. 3	Pl. 4	Pl. 1	Pl. 2	Pl. 3	Pl. 4		Pl. 1	Pl. 2	Pl. 3	Pl. 4		
DG 1																											
DG 2																											
DG 3																											
DG 4																											
DG 5																											
DG 6																											

MTV-FTG5 J.L. 6/93

IV PO-A-PO-Turnier des 1.FC Nürnberg

Ein Turnier, das sich ohne Probleme in den allgemeinen Spielbetrieb einbinden läßt, ist das PO-A-PO-Turnier der Tennisabteilung des 1.FC Nürnberg.
Da die Plätze , laut Spielordnung, der Tennisabteilung jeweils nur eine volle Stunde zur Verfügung stehen, ist der Modus so gewählt, daß ein Spiel innerhalb dieser vorgegebenen Spielzeit zu Ende gespielt werden kann.

Modus:

Nach Spielstärke bzw. nach dem Alter werden Gruppen gebildet, so daß eher gleichstarke Paarungen zustandekommen. Gespielt werden Einzel und/oder Doppel, innerhalb der Gruppe. Die Paarungen werden ausgelost. Jeder Teilnehmer spielt viermal. Gespielt wird jeweils ein langer Satz bis 9, mit Unentschieden bei 9:9.

Ein Speilleiter nimmt die Wertung, wie folgt, vor:

9:0 bzw. 9:1	= 8 Punkte
9:2 bzw. 9:3	= 7 Punkte
9:4 bzw.9:5 bzw. 9:6	= 6 Punkte
9:7 bzw. 10:8	= 5 Punkte
9:9	= 4 Punkte
8:10 bzw. 7:9	= 3 Punkte
6:9 bzw. 5:9	= 2 Punkte
4:9 bzw. 3:9 bzw. 2:9	= 1 Punkt
1:9 bzw.0:9	= 0 Punkte

Wer zu einem ausgelosten Spiel unentschuldigt nicht antritt, erhält 0 Punkte; der anwesende Gegner 5 Punkte.
Sieger ist, wer am Ende nach 4 Langen Sätzen die höchste Punktzahl erreicht. Bei gleicher Punktzahl entscheiden die besseren Satzergebnisse.

V "Ewwerscht Open", nach Kurt Komp

Das erstmals in Darmstadt-Eberbach (Ewwerscht) gespielte Turnier hat durch Kurt Komp einen Organisationsrahmen gefunden, der alle breitensportlichen Zielsetzungen erfüllt:
- große Teilnehmerzahl;
- offen für alle;
- sportlich interessant für Anfänger und Turnierspieler;
- kein Ausscheidenmüssen;
- wechselnde Spielpartner;
- ausgeglichene Spielergebnisse;
- Spielpausen zur Geselligkeit;
- nicht zu lange Pausen;
- Spaß und Geselligkeit.

Die Organisation ist wesentlich erleichtert, wenn die Teilnehmerzahl ein Vielfaches von 4 ist; am geselligsten ist das Turnier, wenn gleich viel Damen und Herren daran teilnehmen.
Gespielt werden Doppel/Mixed.
Es sind mindestens 2 Plätze erforderlich. Ideal sind bei 64 Teilnehmern 8 Plätze.

Modus:

Das Turnier wird in 2 Gruppen als Doppel/Mixed gespielt. Vor der ersten Spielrunde werden die Teilnehmer in eine A- und B-Gruppe aufgeteilt. Die Spielpartner werden in jeder Runde neu zusammengelost. Das Spiel wird mit einem Signalton gestartet.
Es werden vier Runden gespielt.
Für die ersten drei Runden werden die Partner jeweils aus der A- bzw. B-Gruppe untereinander gelost. Durch diese Aufteilung wird erreicht, daß jeder Teilnehmer nach einem Wettspiel mindestens eine 30-minütige Pause hat.
Vor der vierten und letzten Spielrunde, werden die Spielpaarungen nach ihrem Punktestand, aus beiden Gruppen gemischt, zusammengestellt.
Die vierte und letzte Spielrunde ermittelt dann eine endgültige Rangfolge, hat also "Endspielcharakter".:
Das Besondere und Geniale des Turniers ist die Zählweise mit Handicap.
Dieses wird durch den Spielstand bestimmt.

Beispiel 1:
Es spielt Doppel A gegen B .A schlägt auf und gewinnt das erste Spiel, so darf B - aufgrund des ersten Spielverlustes bereits bei 15:0 aufschlagen. Gewinnt dennoch A, so schlägt A im dritten Spiel mit 0:30 auf. Gewinnt wieder A, so genügt B im vierten Aufschlagspiel nur 1 Punkt, um bei 40:0 Bonus das Spiel zum 1:3 zu machen.
Gewinnt dennoch A, trotz 40:0-Vorsprung von B, so bleibt die Ausgangslage bestehen. Das heißt: drei Spielpunkte Vorsprung gelten als Maximum.

Beispiel 2:
Es spielt A gegen B. A schlägt auf und gewinnt das erste Spiel. Dann beginnt B das zweite Spiel mit 15:0 beim ersten Auifschlag von links-.
Gewinnt B das zweite Spiel, dann schlägt A wieder ganz normal bei 0:0 auf.
D.h.: Das Handicap verändert sich immer nach dem Erfolg oder Nichterfolg des vorhergehenden Spieles um einen Zä#hler nach oben oder unten.

Beispiel 3:
A spielt gegen B, schlägt auf und gewinnt.
B beginnt das zweite Spiel mit 15:0 von links. A gewinnt das zweite Spiel ebenfalls und muß mit 0:30 im dritten Spiel aufschlagen.
A verliert das dritte Spiel. B schlägt das vierte Spiel mit 15:0 von links auf.
A verliert das vierte Spiel. Das fünfte Spiel wird dann wieder bei 0:0 begonnen.

Die Wertung erfolgt bei Ertönen des Signaltones nur für die vollendeten Spiele. Sie werden von der Turnierleitung abgefragt und notiert. Jeder Partner erhält die gewonnenen Spiele in einer Punkt- und Spielwertung gutgeschrieben. Bei Sieg 2 Punkte, bei Unentschieden 1.

Die Wertung kann folgendermaßen aussehen:

Spielergebnis A - B 3:2. Wertung A: 2 Punkte, 3 Spiele.
Wertung B: 0 Punkte, 2 Spiele..
Spielergebnis A - B 3:3. Wertung A und B: 1 Punkt, 3 Spiele

Nach drei Runden werdn die Ergebnisse addiert und die Punktbesten und -schwächsten wiederum in 2 Gruppen ausgelost zur Finalrunde.
Vielleicht erscheint das Turnier auf den ersten Blick etwas kompliziert, doch lohnt sich die Durchführung allein schon durch das überaus spannende und geiale Handicap auch in privaten Einzelspielen.

VI Street-Tennis

Die Straße ist im allgemeinen das Turnierfeld. Es kann aber auch in Werkhallen, Parkhäusern o.ä. gespielt werden.
Die Courts werden mit Kreide o.ä. aufgetragen, ca. 5 x 12 Meter groß. Gespielt wird im allgemeinen mit einem Softball.
Ein Netz (Kleinfeldnetz o.ä.) wird für einen oder, wenn es entsprechend lang ist für mehrere Plätze installiert.
Das Spielfeld ist gleichzeitig Aufschlagfeld.
Als Schläger kann ein Holzbrettt, wie ein Kinderschläger, auch ein normaler Tennisschläger dienen.
Es sollten Leihschläger vom Veranstalter zur Verfügung gestellt werden, damit alle Interessierten teilnehmen können.
Im allgemeinen wird das Turnier für Kinder organisiert, es kann aber ebenso für Erwachsene, besonders gut auch für Senioren veranstaltet werden.
Auf jeden Fall sollten bei den Kindern nicht mehr als 2 Jahrgänge zusammenspielen. Bei großen Teilnehmerfeldern empfiehlt sich, für jeden Jahrgang ein eigenes Feld zu setzen.

Modus:

Die Spiele werden in Gruppen jeder gegen jeden als Einzel oder als Mannschaftskampf durchgeführt.
Der Aufschlag wird gelost und erfolgt von der hinteren Linie (Grundlinie) beliebig.
Gezählt werden die Gewinnpunkte, wie beim Tischtennis (1, 2, usw.). Aufschlag (1 Versuch) hat immer der Spieler, der den letzten Punkt verloren hatte.
Je nach Anzahl der Teilnehmer kann man entweder bis 11, 15 oder 21 spielen lassen; es kann auch auf Zeit gespielt werden.

Bei großen Gruppen sollte man die Teilnehmerzahl 6 nicht überschreiten.
Wenn es aus Zeitgründen nicht möglich sein sollte, alle Kinder im Turnier zu beschäftigen, sollte neben dem Gruppensieger auch der Gruppenzweite weiterkommen.
Eine Finalrunde und eine Siegerehrung mit möglichst einem kleinen Preis für alle sollte den breitensportlichenCharakter dieser Veranstaltungen unterstreichen.

VII Schweizer-Turnier

Das Schweizer-Turniersystem hat den großen Vorteil, daß bei zahlreichem Teilnehmerfeld ach relativ kurzer Zeit der Sieger ermittel werden kann.

Modus:

Gespielt wird normal oder auf Zeit. Alle Teilnehmer haben gleichviele Spiele zu absolvieren.
Die Anzahl der Vorrunden wird festgelegt, z.B. einigt man sich auf drei Vorrunden.
Es können aber auch fünf oder sechs Vorrunden gespielt werden.

Die Vorrunden werden beliebig ausgelost und gespielt.
Nach der letzten gespielten Vorrunde werden die Paarungen nicht mehr ausgelost, sondern gesetzt.

Dabei spielen die jeweils Punktgleichen (z.B. alle mit 3 Siegen) gegeneinander. Ebenso die anderen nach Punkten gleichstehenden Spieler.
Geht die Anzahl der Gleichplazierten nicht auf, so wird ein Spieler, der nächsten Punktzahl mit in die höhere Gruppe gelost.

Die Punktbesten werden solange gegeneinander ausgelost, bis ein Sieger ermittelt ist.
Gespielt wird solange, bis eine Entscheidung um den Sieg getroffen werden kann, d.h. nur noch 1 Spieler allein die höchste Punktzahl erreicht hat und damit ohne Niederlage ist.

Die weiteren Plazierungen können ab dem 3. Platz dann mit zahlreicher Punktgleichheit enden.

Variante:

Das Turnier kann, um die Entscheidung schneller herbeizuführen oder um Platzkapazitäten zu sparen, nach den Vorrunden für das Gros beendet werden.
Dann spielen auf den reservierten Plätzen nur noch die Punktbesten ihre Entscheidung aus.

VIII Rund-um-den-Schläger-Turnier

(nach Arnulf Eckert, WTB)

Dieses Turnier eignet sich bestens zum Saisonstart. Es kann gleichermaßen als Einzel-, Doppel- oder Mixedturnier gespielt werden. Dabei sollten alle "Spielwilligen" des Clubs, vor allem auch die Jugendlichen, miteinbezogen werden.
In großen Clubs empfiehlt es sich, bei spielstarken Feldern in einzelne Klassen oder Bewerbe aufzuteilen, d.h., gleichzeitig kann eine Doppel- und eine Mixedrunde veranstaltet werde.

Organisation:

Ein Tennisschläger (oder auch nur ein gemalter Tennisschläger) wird so gestaltet daß um ihn herum Nummernschilder angebracht werden können.
Die Anzahl der Schilder entspricht der Teilnehmerzahl.
Die Teilnehmer tragen sich in die ausgehängte Teilnehmerliste ein, die soviele Eintragungen zuläßt, wie Nummern "rund-um-den-Schläger" vergeben werden können.
Durch die Eintragung in die Liste hat auch gleichzeitig jeder Teilnehmer seine Identifikationsnummer erhalten.
Beim Start des Turniers werden nur soviele Schildchen angebracht, wie sich Teilnehmer gemeldet haben.

Während der Saison können Streichungen und Neueintragungen so lange erfolgen, wie Nummernschildchen frei sind.
Spätere Einsteiger treten an die Stelle von Aussteigern oder erhalten das nächste freie Nummerschildchen, das dann zu den anderen dazugehängt wird (Namenseintrag auf der Teilnehmerliste nicht vergessen).

Modus:

Gespielt werden Einzel- oder Doppel; dabei können Damen und Herren im gleichen Feld spielen. Der Spielmodus kann beliebig gewählt werden, d.h. normal, Tie-break oder auf Zeit.

Im Kresi herum kann eine der nächsten 5 Nummern gefordert werden. Gewinnt der Forderer, kommt er an die Stelle des Geforderten.
Alle dahinter liegenden Nummern gehen dann eine Position zurück.

Ziel ist es, die Ausgangsposition im Laufe der Saison möglichst oft "rund-um-den-Schläger" zu durchlaufen.

Wer schafft die meisten Runden?

IX Kuddel-Muddel-Turnier

beim Hessischen Tennis-Verband e.V.

Wie der Name schon sagt, ist dieses Turnier zunächst schwer zu durchschauen und bedarf anfangs eines kundigen Turnierleiters, der die Paarungen beim Wechsel berät.

Organisation:

Die Doppel/Mixed werden ausgelost und verteilen sich auf die zur Verfügung stehenden Plätze.
Sind Paarungen übrig oder nur ein Spieler, so nehmen diese an der ersten Runde nicht teil und werden in der zweiten Runde auf Platz 1 eingewechselt (max. 2 Spieler!).
Jeder Spieler erhält eine Ergebniskarte, auf der er nach Ende der Partie sein Ergebnis festhält. Ebenso liegt pro Platz eine Münze bereit, um die Partner auf dem Platz zu ermitteln
Am besten ist es, wenn die Anzahl der Teilnehmer durch 4 teilbar ist.

Modus:
Gespielt wird auf Zeit in beliebigen Paarungen, Doppeln oder Mixed mit einem Signal (Trompete o.ä.).
Die Tie-break-Zählweise wird empfohlen. Bei Spielern, die damit Probleme haben, kann auch normal gezählt werden.

Beim zweiten Signal wird das Spiel gestoppt,; der gerade im Spiel befindliche Ball wird noch gespielt.
Nach dem Eintrag des Spielergebnisses beginnt das **Kuddel-Muddel:**
Die Verlierer bleiben auf dem Platz und trennen sich auf je eine Feldseite.
Die Sieger gehen auf den nächsten Platz und trennen sich ebenfalls.
Damit kein Streit über die Zuteilung der Partner erfolgt, werden die Partner (die Sieger den Verlierern) zugelost. So entsteht wieder eine neue Doppel-/Mixedpaarung.
Dann beginnt die nächste Runde wieder mit dem Signalton.

Wertung:
Die Spieler halten das Ergebnis nach jedem Spiel auf ihrer Karte fest. Gezählt werden bei normaler Zählweise nur Spiele, die vollendet wurden.
Auf die Ehrlichkeit der Teilnehmer beim Eintrag wird vertraut. Man kann aber die Ergebnisliste auch durch den Turnierleiter führen lassen.
Das Endspiel bestreiten die zwei punktbesten Damen und Herren als Mixed, nachdem die Herren den Damen zugelost worden sind.

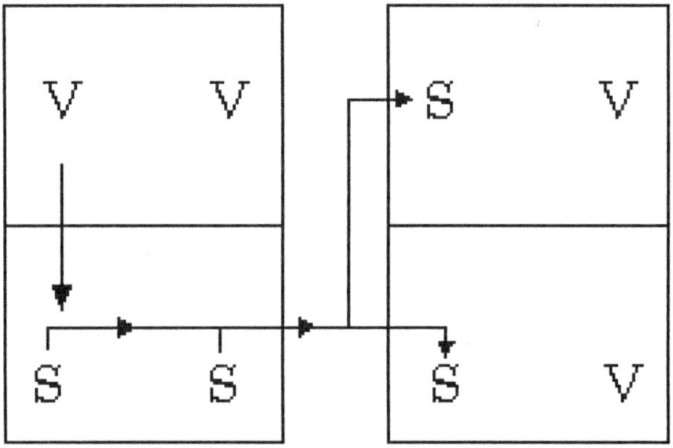

S=Sieger V=Verlierer

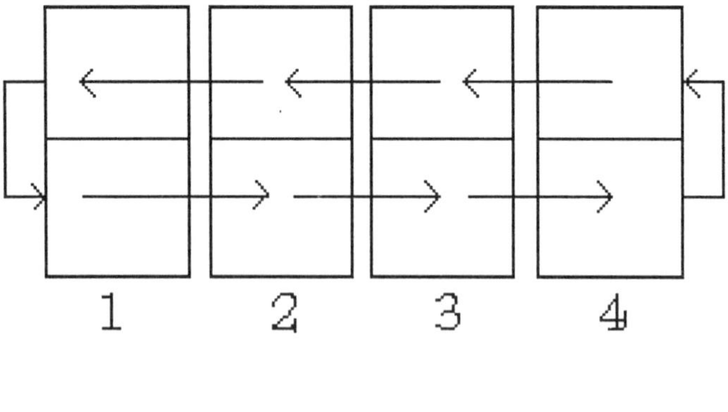

X Tie-break-Variante:

Sinn dieser Variante ist, schwächeren Spielern eine Chance zu geben, um möglichst - vom Ergebnis her - homogene Partien zu haben.
Gespielt werden Einzel- oder Doppelspiele.
Bei Doppeln werden die ersten 4 Partien im Voraus ausgelost (Vorrunde).
Danach wird für die Endrunden immer ein Sieger mit einem Verlierer der Vorrunde fest für den Rest der Spielrunden zusammengelost.
Erst jetzt beginnt das eigentliche Tie-break-Turnier.

Modus:

Man zählt numerisch, d.h., 1 bis 21 oder weiter.
Es sollte nach Tie-break-Regeln, aber weit über das übliche Limit (7) hinaus, gezählt und nach Zeit gespielt werden.

Der Sieger erhält unabhängig vom Ergebnis 2 Punkte; bei Unentschieden nach dem Abpfiff erhält jede Partei einen Punkt.
Gesamtsieger des Turniers ist die Punktbeste

Zählweise:

Wer verliert, erhält in der nächsten Runde einen Bonus von 5:0. Hat der zugeloste Gegner ebenfalls verloren, so beginnt das Spiel bei 0:0. Verliert man zum 2.Mal, so beginnt man mit 10:0. Verliert man zum dritten Mal, so darf man mit 15 Punkten plus starten usw.

Gleichen sich die Handicaps aus, so wird bei 0:0 begonnen.

Bemerkung:

Man sollte als Organisator die Zeit immer möglichst den Spielständen des Beginns angleichen, d.h., wenn eine Paarung mit z.B. mit 25 Pluspunkten, die er aufgrund seiner 5 vorhergehenden Miederlagen erhalten hat, sollte man ihm die Chance zum Sieg dadurch geben, daß man das Spiel eher abpfeift.

Andererseits sollte man bei ausgeglichenen Spielständen als Turnierleiter die Möglichkeit des "Unentschieden" nutzen, da dadurch die Differenzierung im Endergebnis leichter wird.

XI **Die Pyramide**

Mithilfe der Pyramide sollen möglichst schnell die besten Spieler/Paarungen ermittelt werden, ohne daß andere Mitspieler vorzeitig ausscheiden müssen.

Modus:

Gespielt wird auf Zeit in Einzeln oder Doppeln.
Die Tie-break-Zählweise wird empfohlen.

Organisation:

1. **Doppel**, die zunächst für vier Spielpaarungen mit festen Partner ausgelost werden (Vorrunde).

Ab der Zwischenrunde werden die Paarungen zusammengestellt. Dabei spielen die erste Partie der Zwischenrunde die Punktbesten mit den Punktschwächsten der Vorrunde. D.h., Erster mit Letztem, Zweiter mit Vorletztem usw.
Ab der zweiten Partie der Zwischenrunde wird ein Sieger jeweils mit einem Verlierer ausgelost.
In der Zwischenrunde werden mindestens 4 Partien gespielt.

2. **Einzel**, die zunächst für vier Spielpaarungen (mit verschiedenen Partnern) ausgelost werden (Vorrunde).

Ab der Zwischenrunde werden die Paarungen zusammengestellt bzw. bei Punktgleichheit gelost. Dabei spielen die erste Partie der Zwischenrunde die Punktbesten mit den Punktschwächsten der Vorrunde. D.h., Erster mit Letztem, Zweiter mit Vorletztem usw.
Ab der zweiten Partie der Zwischenrunde wird ein Sieger jeweils gegen einen Verlierer ausgelost.
In der Zwischenrunde werden mindestens 4 Partien gespielt.

Endrunde:
Für die Endrunde werden wieder die punktbesten Spieler/Doppel ausgelost. In den Lostopf kommen jeweils die punktbesten 8 Spieler/Doppel der Vor- und Zwischenrunde

Jetzt werden die Paarungen im **Doppel** zum letzten Mal ausgelost; dananch bleiben sie bis zum Finale zusammmen. Die **Einzel** werden sogleich im K.O.-System gespielt.
Sollte in der Gruppe der punktbesten Spieler die Anzahl ungleich sein, so werden von den nächstplazierten Spielern die Punktbesten hinzugelost, bis die Gruppe vollständig, d.h. numerisch ausgeglichen ist.

Eine Nebenrunde sollte für die anderen Teilnehmer ebenfalls organisiert werden (z.B. um Platz 9 - 16 o.ä.).

Ab hier wird im K.O.-System das Siegerpaar ermittelt.
Die Verlierer scheiden aus bzw. spielen um die Plätze.

Wertung:

Die Sieger erhalten jeweils einen Punkt gutgeschrieben.
Für die Zwischen- und Endrunde kommen, je nach Teilnehmerzahl, die Punktbesten, Zweitbesten usw. in eine Gruppe.

Für die Nicht-Plazierten wird eine Trostrunde organisiert.
Gespielt wird ein Schleiferlmodus mit 2 Lostöpfen.
Nach dem ersten Los wird in der Folge immer ein Sieger mit einem Verlierer für die nächste Runde gezogen.

NB.:
Das Turnier ist mit dem Ende der Finalspiele der besten Spieler beendet, d.h., die Nebenrunden werden zu diesem Zeitpunkt abgebrochen..

XII Familien-Cup

Diese Turnierform ist für Familien, wie für "erweiterte Familienmitglieder" bzw. zur Familie gehörige Freunde und Bekannte gedacht. Sie dient überwiegend der Geselligkeit und der Bildung eines Teamgeistes.

Organisation:

Drei Spieler/-innen bilden eine "Familie". Mindestens eine Dame muß in der Familie dabei sein!
Die Familien-Paarungen werden per Los ermittelt.
Diese spielen in der Vorrunde "jeder gegen jeden" gegen eine andere "Familie".
Die Ergebnisse werden addiert und entsprechend ihrem Teilungsquotienten nach der üblichen Setzliste in das Feld plaziert.
In der Endrunde spielen die "Fanilien" als Trio gegeneinander (Vgl. 3.2.2.) im Doppel-K.O.-System (vgl. 1.2.).

Modus:

Gespielt wird auf Zeit (ca. 20 Minuten) in der Vorrunde; in der Endrunde einen Satz bis 6 (ohne Tie-break!).
Wer in der Endrunde zum zweiten Mal verliert, scheidet aus.

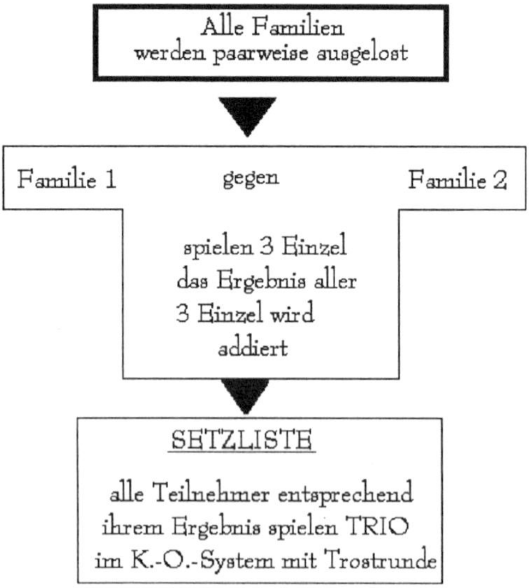

XIII Handicap-Jugendturnier

Ein großes Problem stellt im Jugendtennis der Altersunterschied dar.
Oft genügen schon wenige Monate, um die Leistungsdifferenz der Gleichaltrigen deutlich zu machen. In kleinen Vereinen ist es häufig der Fall, daß manche Jahrgänge äußerst dürftig besetzt sind. Die Kinder dieser Jahrgänge haben somit kaum Gelegenheit, in ihrer Altersklasse ein Turnier zu spielen, da sie immer entweder in der höheren oder tieferen Jahrgangsstufe antreten müssen.
Vorliegender Modus soll Jugendlichen unterschiedlichen Alters miteinander ein sinnvolles Tennisspielen ermöglichen.
Dabei werden die "Kleinen" deutlich bevorzugt und zu offensivem Spiel ermutigt.

Organisation:

Es können immer nur Kinder oder Jugendliche von maximal vier Jahrgängen zusammengefaßt werden. Die gemeldeten Teilnehmer werden ohne Beachtung des Jahrgangs in Gruppen gelost.

Modus:

Es spielt innerhalb der Gruppen jeder geegn jeden. Gespielt wird auf Zeit ca. 30 Minuten.
Dabei spielen gleichaltrige Kinder ohne Handicap also normal.
Der 1 Jahr ältere Partner erhält pro Spiel ein Handicap von O:15.
Der 2 Jahr ältere Partner erhält pro Spiel ein Handicap von O:30.
Der 3 Jahr ältere Partner erhält pro Spiel ein Handicap von O:40.

Variante:

Das Handicap kann auch bei numerischer Zählweise eingesetzt werden. Dann wird bis 21 Punkte gespielt:

Dabei spielen gleichaltrige Kinder ohne Handicap also normal.
Der 1 Jahr ältere Partner erhält ein Handicap von 5 Punkten.
Der 2 Jahr ältere Partner erhält ein Handicap von 10 Punkten.
Der 3 Jahr ältere Partner erhält ein Handicap von 15 Punkten.

D.h., spielt ein 11-jähriges Kind gegen ein 14-jähriges, dann muß es zum Spielgewinn sechs Punkte erreichen, denn er hat auf 21 Gewinnpunkte eine Vorgabe von 15 Punkten aufgrund des Altersunterschiedes.

XIV **Schläger-Fußball-Spiel**

Nicht nur zum Aufwärmen, sondern auch als eigenständige Turnierform ist Schläger-Fußball gedacht.
Beim Schläger-Fußball müssen die Spieler gutes koordinatives Bewegungsvermögen zuerst mit dem Schläger und dann mit dem Fuß besitzen.
Der Ball muß immer so gespielt werden, daß er zunächst mit dem Schläger angehalten und kontrolliert wird und dann mit dem Fuß zu einem Mitspieler weiter oder direkt über das Netz ins gegnerische Feld gespielt wird.

Modus:

Gespielt wird von 1:1 auf das halbe Aufschlagfeld bis 6:6 auf das Doppelfeld.
Der Ball darf maximal dreimal auf dem Boden aufspringen.
"Aufschlag" erfolgt von der T-Linie mit dem Fuß.
Es beginnt immer die Partei, die den verhergehenden Ballwechsel verloren hat.

Variante:
Der Modus kann auch geändert werden, z.B. nur einmal Aufspringenlassen oder die Feldgröße dem Spielvermögen der Spielenden anpassen.

Wertung:

Die Zählweise ist numerisch; gespielt werden 2 Gewinnsätze.
Ein Satz geht bis 15 Gewinnpunkte mit 2 Punkten Vorsprung.
Bei 20:20 erfolgt der nächste Punkt als Satz- oder Matchpunkt.

Variante: Schläger-Handball-Spiel

Wer mit dem Fuß nicht so geschickt ist, spielt die leichtere Variante mit der Hand.
Der Ball muß immer so gespielt werden, daß er zunächst mit dem Schläger angehalten und kontrolliert wird und dann mit der Hand zu einem Mitspieler weiter oder direkt über das Netz ins gegnerische Feld gespielt wird.

Modus und Wertung erfolgen wie beim Schläger-Fußball-Spiel.
Eine weitere Variante wäre, den Ball wahlweise mit der Hand oder dem Fuß zu spielen.

XV **Fußball-Tennis-Cup**

Diese Turnierform ist nicht nur für Herren gedacht. Auch für Damen kann dies eine sehr gesellige Veranstaltung werden.

Organisation:

Gespielt wird auf das Tennis-Doppelfeld mit einem Fußball.
Ein Team besteht aus 4 Spielern und beliebig vielen Ersatzspielern.

Modus:

Die **Vorrunde** wird in Gruppen (4 oder 5 Mannschaften) jeder gegen jeden gespielt.
In die **Zwischenrunde** gelangen jeweils dier ersten und zweiten der Vorrunde.
Die **Endrunde** wird im K.O.-System ausgetragen.

Die Spielzeit beträgt pro Partie 12 Minuten.
Jeder Punkt wird gewertet.

Regeln:

Der Ball muß von der Grundlinie ins Spiel (ganzes Feld) gebracht werden.
Die annehmende Mannschaft kann den Ball
- direkt oder
- nach maximal zwei Abspielen im eigenen Feld zurückspielen.

Anspiel hat immer die Partei, die den letzten Punkt verloren hat (1 Versuch!). Dabei müssen die Mitglieder eines Teams jeweils nach einem verlorenene Punkt nacheinander anspielen.

XVI Wechsel-Doppel

nach Rüdiger Seekamp

Bei dieser Turnierform sind alle Spieler in beliebiger Anzahl im Einsatz. Wird das Turnier in einem Verein, der wenig Plätze hat, als Wettkampf gespielt, so reichen diese immer aus.
Ebenso können Spieler der unterschiedlichsten Leistungs- und Altersklassen miteinander spielen.

Organisation:
Die Mannschaften können gesetzt oder gelost werden. Sie haben zahlenmäßig unterschiedliche Stärke.

Z.B.: Mannschaft Rot	Mannschaft Blau
1) A	1) Z
2) B	2) Y
3) C	3) X
4) D	4) W
5) E	

Modus:
Die Paarungen richten sich nach dem Spielstand.
Spielbeginn: 1+2 von Rot gegen 1+2 von Blau.

Spielstand: 1:0 für Rot.
Es erfolgt Seitenwechsel. Rot stellt neue Spieler 3+4.

2:1 für Rot.
Es erfolgt Seitenwechsel. Blau stellt neue Spieler 3+4.

2:3 für Blau.
Es erfolgt Seitenwechsel. Rot stellt neue Spieler 5+1.

Dieser Modus setzt sich bis zum Satzende fort (2 Gewinnsätze).

XVII Doppel-Runde

nach Fritz Mühle

Dieses Turnier ist für Hobbyrunden verschiedener Mannschaftsstärken gedacht. Es kann mit fünf bis acht Spielern pro Mannschaft gespielt werden. Es besteht auch die Möglichkeit, daß eine Mannschaft z.B. mit fünf, die andere mit acht Spielern antritt.

Modus:
Gespielt wird auf Zeit (40 Minuten). Spielbeginn und -ende werden durch ein Signal (Pfeife, Trompete o.ä.) bekanntgegeben.
Die **Wertung** erfolgt bei Abbruch sofort. Der im Spiel befindliche Ball wird nicht mehr gewertet.
Für ein gewonnenes Spiel gibt es einen Punkt; bei Unentschieden erfolgt Punkteteilung.

Spielberichtsbogen und mögliche Spielkombinationen erleichtern die Durchführung erheblich.

SPIELBERICHT HERRENDOPPEL

Heim - Mannschaft A..
mit
Gast - Mannschaft B..

Mannschaft A	Mannschaft B
Spieler 1:................................	Spieler 1................................
Spieler...2................................	Spieler 2................................
Spieler...3................................	Spieler...3................................
Spieler 4................................	Spieler 4................................
Spieler 5................................	Spieler 5................................
Spieler 6................................	Spieler 6................................
Spieler 7................................	Spieler 7................................
Spieler...8................................	Spieler...8................................

Spiele: (Spielkombinationen gemäß Tabelle eintragen)

	A		B		Ergebnisse			
					Spiele		Punkte	
1	+		+					
	+		+					
					—	—	—	—
2	+		+					
	+		+					
					—	—	—	—
3	+		+					
	+		+					
					—	—	—	—
4	+		+					
	+		+					
					—	—	—	—
5	+		+					
	+		+					

Sieger:....................................

Ort:.. Datum:.................................... Original an: Fritz Mühle
Leuschnerstr. 21
47445 Moers

Unterschrift..............................

Spielkombinationen

Kombinationen	5 x 5		5 x 6		5 x 7		5 x 8		6 x 6	
1. Runde	1 + 2	3 + 4	1 + 2	3 + 4	1 + 2	3 + 4	1 + 2	3 + 4	1 + 2	3 + 4
	3 + 4	1 + 2	3 + 4	1 + 2	3 + 4	1 + 2	3 + 4	1 + 2	3 + 4	1 + 2
2.Runde	1 + 5	2 + 3	1 + 5	2 + 6	1 + 5	1 + 7	1 + 5	7 + 8	1 + 5	2 + 6
	2 + 3	1 + 5	2 + 3	1 + 5	2 + 3	5 + 6	2 + 3	5 + 6	2 + 6	1 + 5
3.Runde	4 + 5	1 + 3	4 + 5	3 + 6	4 + 5	4 + 5	4 + 5	2 + 6	4 + 5	3 + 6
	1 + 3	4 + 5	1 + 3	4 + 5	1 + 3	2 + 3	1 + 3	1 + 5	3 + 6	4 + 5
4.Runde	2 + 4	3 + 5	2 + 4	4 + 6	2 + 4	1 + 3	2 + 4	4 + 8	1 + 3	4 + 6
	3 + 5	2 + 4	3 + 5	1 + 3	3 + 5	6 + 7	3 + 5	3 + 7	4 + 6	1 + 3
5.Runde	2 + 5	1 + 4	2 + 5	2 + 5	2 + 5	5 + 7	2 + 5	2 + 4	1 + 4	2 + 5
	1 + 4	2 + 5	1 + 4	1 + 4	1 + 4	2 + 4	1 + 4	1 + 3	2 + 5	1 + 4

Kombinationen:	6 x 7		6 x 8		7 x 7		7 x 8		8 x 8	
1. Runde	1 + 2	3 + 4	1 + 2	3 + 4	1 + 2	3 + 4	1 + 2	3 + 4	1 + 2	3 + 4
	3 + 4	1 + 2	3 + 4	1 + 2	3 + 4	1 + 2	3 + 4	1 + 2	3 + 4	1 + 2
2.Runde	1 + 5	1 + 7	1 + 5	7 + 8	5 + 6	1 + 7	5 + 6	7 + 8	5 + 6	7 + 8
	2 + 6	5 + 6	2 + 6	5 + 6	1 + 7	5 + 6	1 + 7	5 + 6	7 + 8	5 + 6
3.Runde	4 + 5	2 + 3	4 + 5	2 + 6	2 + 3	4 + 5	2 + 3	2 + 6	1 + 5	2 + 6
	3 + 6	4 + 5	3 + 6	1 + 5	4 + 5	2 + 3	4 + 5	1 + 5	2 + 6	1 + 5
4.Runde	1 + 3	6 + 7	1 + 3	4 + 8	6 + 7	1 + 3	6 + 7	4 + 8	3 + 7	4 + 8
	4 + 6	1 + 3	4 + 6	3 + 7	1 + 3	6 + 7	1 + 3	3 + 7	4 + 8	3 + 7
5.Runde	1 + 4	5 + 7	1 + 4	2 + 4	2 + 4	5 + 7	2 + 4	2 + 4	1 + 3	2 + 4
	2 + 5	2 + 4	2 + 5	1 + 3	5 + 7	2 + 4	5 + 7	1 + 3	2 + 4	1 + 3

Stand: JULI 1997

Das Ranglistensystem

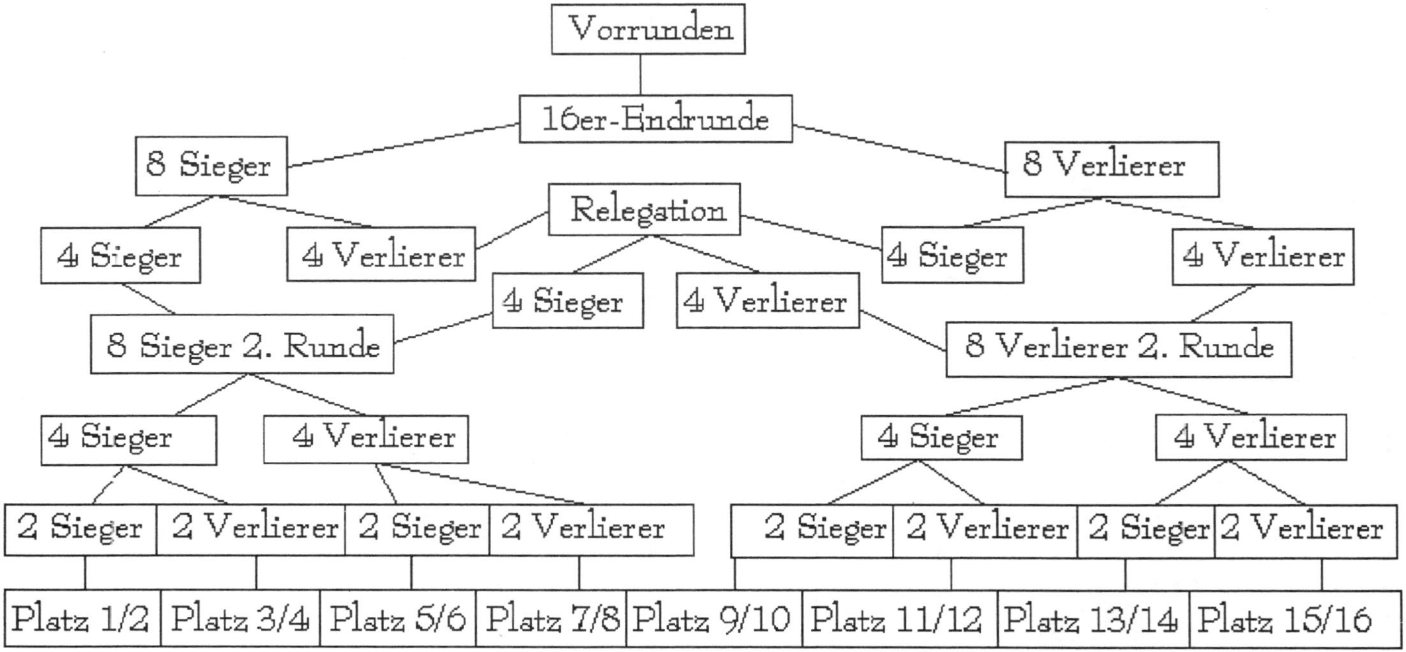

– Vorrunde –

Gruppe	1.	2.	3.	4.
1.				
2.				
3.				
4.				

Gruppe	1.	2.	3.	4.
1.				
2.				
3.				
4.				

– Vorrunde –

Gruppe	1.	2.	3.	4.
1.				
2.				
3.				
4.				

Gruppe	1.	2.	3.	4.
1.				
2.				
3.				
4.				

Gruppe 1

Nr. Name	I	II	III	IV	V	VI	Pkte.
I							
II							
III							
IV							
V							
VI							

Gruppe 2

Nr. Name	I	II	III	IV	V	VI	Pkte.
I							
II							
III							
IV							
V							
VI							

Gruppe 3

Nr. Name	I	II	III	IV	V	VI	Pkte.
I							
II							
III							
IV							
V							
VI							

Nr. Name	I	II	III	IV	V	VI	Pkte.
I							
II							
III							
IV							
V							
VI							

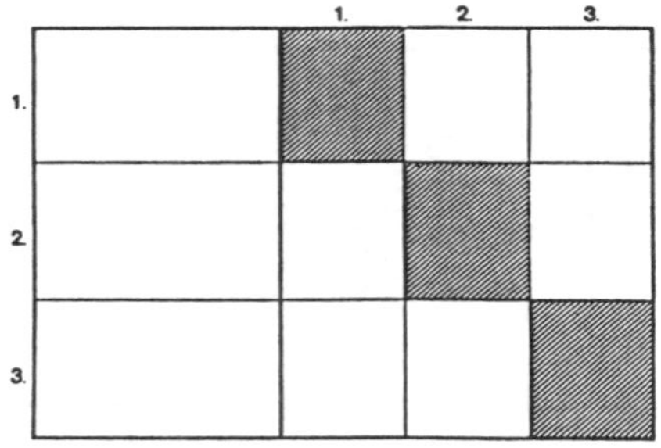
1. 2. 3.
1.
2.
3.

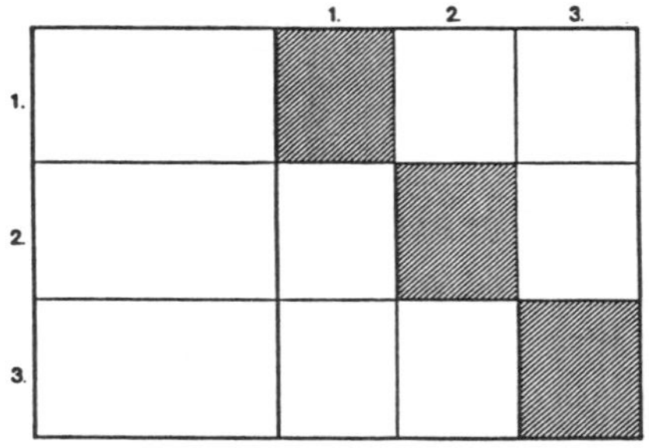
1. 2. 3.
1.
2.
3.

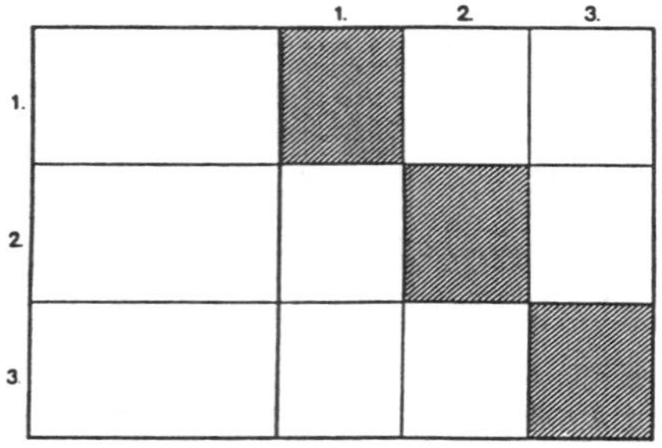
1. 2. 3.
1.
2.
3.

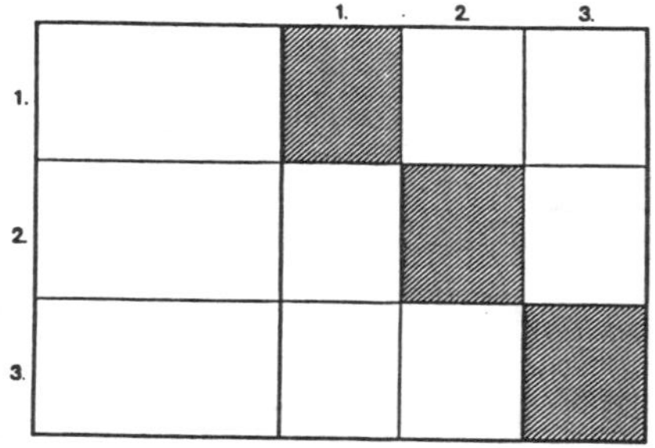
1. 2. 3.
1.
2.
3.

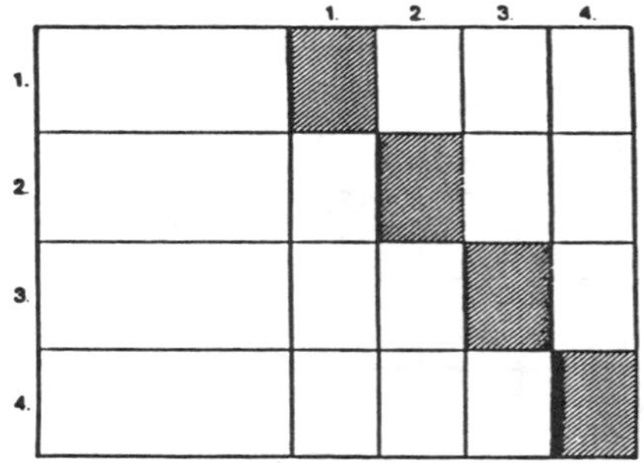
1. 2. 3. 4.
1.
2.
3.
4.

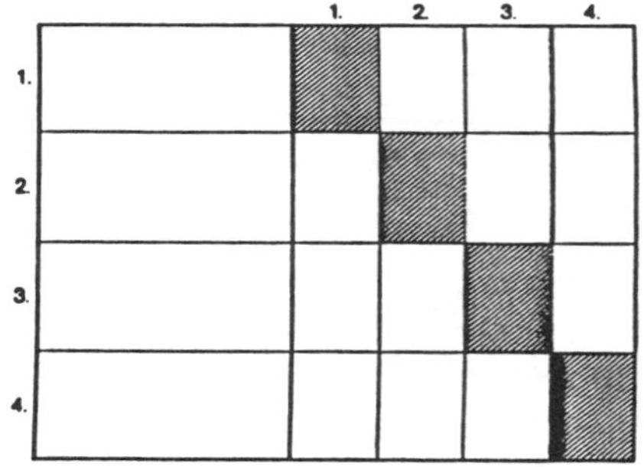
1. 2. 3. 4.
1.
2.
3.
4.

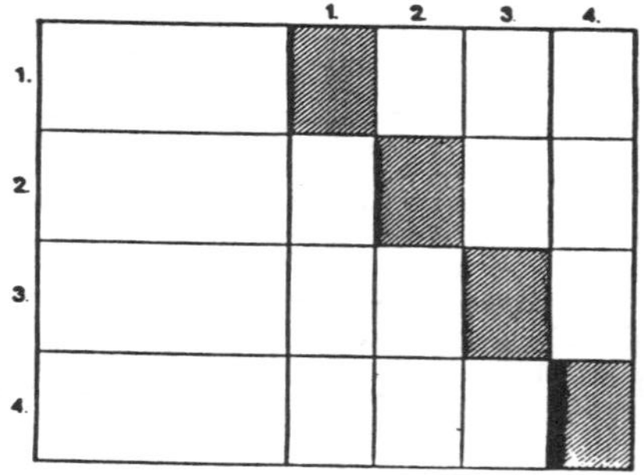
1. 2. 3. 4.
1.
2.
3.
4.

		1.	2.	3.	4.
1.					
2.					
3.					
4.					

		1.	2.	3.	4.
1.					
2.					
3.					
4.					

		1.	2.	3.	4.	5.	6.	7.
1.								
2.								
3.								
4.								
5.								
6.								
7.								

	Name	1	2	3	4	5	6	7	8	9	10	11	12	13	14	15	16	Spiele	Sätze	Rang
1																				
2																				
3																				
4																				
5																				
6																				
7																				
8																				
9																				
10																				
11																				
12																				
13																				
14																				
15																				
16																				

1.Runde:	1-16	2-15	3-14	4-13	5-12	6-11	7-10	8-9
2.Runde:	16-9	10-8	11-7	12-6	13-5	14-4	15-3	1-2
3.Runde:	2-16	3-1	4-15	5-14	6-13	7-12	8-11	9-10
4.Runde:	16-10	11-9	12-8	13-7	14-6	15-5	1-4	2-3
5.Runde:	3-16	4-2	5-1	6-15	7-14	8-13	9-12	10-11
6.Runde:	16-11	12-10	13-9	14-8	15-7	1-6	2-5	3-4
7.Runde:	4-16	5-3	6-2	7-1	8-15	9-14	10-13	11-12
8.Runde:	16-12	13-11	14-10	15-9	1-8	2-7	3-6	4-5
9.Runde:	5-16	6-4	7-3	8-2	9-1	10-15	11-14	12-13
10.Runde:	16-13	14-12	15-11	1-10	2-9	3-8	4-7	5-6
11.Runde:	6-16	7-5	8-4	9-3	10-2	11-1	12-15	13-14
12.Runde:	16-14	15-13	1-12	2-11	3-10	4-9	5-8	6-7
13.Runde:	7-16	8-6	9-5	10-4	11-3	12-2	13-1	14-15
14.Runde:	16-15	1-14	2-13	3-12	4-11	5-10	6-9	7-8
15.Runde:	8-16	9-7	10-6	11-5	12-4	13-3	14-2	15-1

Literatur:

BTV, Tennis und Breitensport, Freising 1992.

DTB, Breitensport-Informationen, 6-8, 7/91, Hamburg 1991.

DTB, Infoblatt zum DTB-Tennissportabzeichen, Hamburg 1991.

DTTB, Grundsätzliche Beiträge zur Theorie und Praxis des Tischtennissports, ohne Jahresangabe.

Maier,P., Pöttinger,B., Sklorz,M.: Übungs- und Spielformen für Tennis-Breitensportler, in R.Bornemann, N.Hölting: Tennis-Breitensport, 142-152, Ahrensburg 1991.

Mensing,E.: Tennis-Drill- und Mannschaftstraining, 2.Auflage, Freising 1991.

Pöttinger,P., Mensing,E.: Tennissport, Böblingen 1986.

Sklorz, Martin: Tischtennis - vom anfänger zum könner - , München 1972

Der Autor

Eberhard Mensing, Jahrgang 1942,
Dr. ed. phys., Dr. phil.
studierte in Erlangen, München, Budapest, Dortmund
Germanistik, Sport und Musikwissenschaften.
Als Autor zahlreicher Tennisliteratur hat er sich im In- und Ausland
namhaft gemacht.

Erschienen sind u.a.:

Tennissport (mit P.Pöttinger), Böblingen 1986;

Squash - Methodik, Training, Spiel, Freising 1988;

Tennis - einseitig? Morphologische Veränderungen durch einseitige Beanspruchung beim Tennis. Freising 1991; (vergriffen)

Tennis-Drill- und Mannschaftstraining, 2.Auflage, Freising 1991.

Ferner erschienen von ihm folgende Filme (Video):

Tennis für Anfänger, 30 Min., Freising 1987;

DTB-Tennissportabzeichen, 15 Min., Freising 1992.